Himmelstürmer
Verlag

Himmelstürmer Verlag, part of Production House,
Ortstr.6, 31619 Binnen
www.himmelstuermer.de
E-Mail: info@himmelstuermer.de
Originalausgabe, Februar 2022

Rechtschreibung nach Duden, 24. Auflage
Umschlaggestaltung: Buchtitel Gestaltung:
· Art Direction: Maik Hirsch | BRAND DESIGN SOLUTION
· 3D-Visualisierung: Björn Willer | ALPHA3 | WERKSTATT FÜR VISUALISIERUNG UND ANIMATION

ISBN print 978-3-86361-975-6
ISBN e-pub 978-3-86361-976-3
ISBN pdf 978-3-86361-977-0

Klimaneutral
Druckprodukt
ClimatePartner.com/12518-1907-1001

Liebe Juliane,
danke für Dein
Interesse an meinem
2. Roman.
Herzlichst
Anita
Berlin 23.02.2023

Anita Rehm

Rosa Wasser

Himmelstürmer Verlag

Danke an:

Hans Zywietz

Chris Bauer

Erstes Kapitel

„... Jetzt kommt das Wirtschaftswunder. Jetzt gibt's im Laden Karbonaden schon und Räucherflunder ...

Jetzt kommt das Wirtschaftswunder. Der deutsche Bauch erholt sich auch und ist schon runder ...

... ist ja kein Wunder nach dem verlorenen Krieg."

Das Lied aus dem Film *Wir Wunderkinder* wurde zum Symbol für den wirtschaftlichen Aufbau in den 50er Jahren im Westen Deutschlands. Sarkastisch schmetterten die beiden Komiker Wolfgang Neuss und Wolfgang Müller den Schlager aus dem Radio.

Das Wirtschaftswunder

Noch waren die Spuren des Zweiten Weltkrieges in den Städten deutlich sichtbar und die Schäden längst nicht beseitigt. Nur langsam begann der Wiederaufbau. Aber in der jungen Bundesrepublik ging der wirtschaftliche Fortschritt aufwärts. Vom ‚Wunder' sprach man. Und wer clever genug war, profitierte davon.

So auch Wilhelm Kaiser. Der gelernte Kaufmann war gerade mal 28 Jahre, als er für wenig Kapital, aber mit sicherem Gespür, die vom Krieg zerstörte Papierfabrik in seiner Heimatstadt erwarb. In kurzer Zeit baute er sie zu einem lukrativen Betrieb aus.

Sein Credo:

„Papier wird immer gebraucht. Egal zu welchen Zeiten."

Und der Erfolg gab ihm recht. Die Umsätze stiegen und bald gehörte er mit zu den wohlhabenden Bürgern der katholischen Stadt. Er wagte sogar den Schritt in der Partei mit dem **C** und bewarb sich erfolgreich als Kandidat für den Parteivorsitz. Prompt wurde er als stellvertretender Vorsitzender in das Stadtparlament gewählt. Es war ein weiterer Schritt auf der Karriereleiter.

Das alles wog jedoch die schweren familiären Schicksalsschläge nicht auf, die er in den vorhergehenden Jahren erleiden musste.

Zuerst verstarb die vierjährige Schwester Ingeborg an den Folgen einer Diphtherie. Kurz darauf erhielt seine Mutter 1943 die lapidare Benachrichtigung, dass ihr Ehemann an der Ostfront *„...für Führer, Volk und Vaterland“* gefallen war. Der Schock bei ihr saß tief. Sein jüngerer Bruder Bruno, der sich in den letzten Kriegstagen noch beim *Volkssturm* meldete, um, völlig aussichtslos, unbedingt eine Brücke zu verteidigen. Von der anrückenden amerikanischen Armee wurde er bei einem Gefecht erschossen.

Wilhelm selbst hatte den Krieg ohne größere Blessuren überstanden. Nach einer kurzen Zeit in einem britischen Internierungslager war er glücklich, endlich zu Hause zu sein. Seine Mutter war froh wenigsten ihn als einzigen wieder bei sich zu haben.

Dann folgte das nächste Verhängnis. Zwei Jahre nach Kriegsende verstarb seine Mutter an den Folgen ihrer verschleppten Lungenentzündung.

Nun stand er allein da, ohne familiäre Bindung. Die weitläufige Verwandtschaft wanderte schon vor Beginn des Krieges nach Südamerika aus, zu denen kein Kontakt bestand.

Außer dem renovierungsbedürftigen Wohnhaus blieb nichts von seiner Familie übrig. Seine tiefe Trauer kompensierte der Katholik im Glauben.

Mit Ehrgeiz nutzte er die Gunst der Stunde, arbeitete hart und begann, sich in die Herstellung aller möglichen Sorten Papier einzuarbeiten. ***Kaiser-Papier*** war jetzt seine Welt. Er erweiterte den Betrieb und ließ am Eingang groß den Spruch anbringen:

Sei helle, Kaiser-Papier für alle Fälle

Wenn Wilhelm Kaiser wieder mal die Melancholie befiel, dachte er traurig, wenn mein Vater das sehen könnte, er wäre stolz auf mich gewesen, was ich allein auf die Beine gestellt habe.

Die Räder zur Herstellung von dickem und dünnem Papier standen nicht still. Die Nachfrage nach Schreibpapier, -heften, Packpapier, und mehr, war groß und die Belegschaft musste aufgestockt werden. Aus dem Heer der Arbeitslosen konnte sich der Jungunternehmer die besten Kräfte aussuchen.

Eines Tages stellte sich die junge, hübsche Lore Schultze als Arbeitskraft bei *Kaiser-Papier* vor. Der Chef ließ es sich nicht nehmen und führte das Einstellungsgespräch mit ihr. Dabei erzählte sie ihre Geschichte.

Im Winter 1951 sei sie aus dem thüringischen Eisenach über die Grenze in den Westen geflohen. Wie Tausende andere Flüchtlinge wollte sie auf keinen Fall weiter unter einer kommunistischen Herrschaft in der DDR leben. Zuletzt hätte sie als Verkäuferin bei der staatlichen Handelsorganisation, in einem *Konsum*, in Eisenach, gearbeitet.

Ohne lange zu zögern, wurde sie als ungelernte Kraft in der Abteilung ‚Finanzen und Buchhaltung' eingestellt. In ihrem Schulzeugnis wurden ihre guten rechnerischen Fähigkeiten mit der Note 1 bewertet. Schnell hatte sie sich in die unbekannte Materie eingearbeitet.

Nicht nur ihre Tüchtigkeit begeisterte Wilhelm Kaiser, sondern auch ihr attraktives Aussehen. Ihre grünen Augen, die dichten, dunklen, lockigen Haaren und ihr Kussmund betörten ihn.

Es dauerte nicht lange, da machte er Lore Schultze auf charmante Weise eindeutige Avancen und fragte, ob sie mit ihm ausgehen wolle. Auf diese Frage hatte sie heimlich gewartet, da sie vom ersten Moment ihren Chef äußerst anziehend fand und antwortete bereitwillig mit: „Ja!"

Jetzt war es nur eine Frage der Zeit, da kamen die ersten Gerüchte innerhalb der Belegschaft auf:

„Der Kaiser soll mit Fräulein Schultze was haben!"

Einige Kollegen tuschelten hinter Lores Rücken: „Da muss was dran sein! Unser Chef stellt ihr heftig nach! Und sie himmelt ihn regelrecht an!"

Von dem Gerede erfuhr Lore nichts.

Gerhard Neubauer aus der Versandabteilung wusste zu berichten:

„Am Wochenende führt er sie in die vornehme *Barock* Tanzbar aus. Wenn dann aus der Musikbox der Schlager mit René Carol ertönt: ‚Rote Rosen, rote Lippen, roter Wein, laden uns ein', tanzen sie innig miteinander. Ich selbst habe es nicht gesehen, aber davon spricht schon die halbe Stadt!"

Missgunst machte sich unter der weiblichen Belegschaft breit.

„Da kommt sie als Flüchtling hierher und angelt sich gleich einen Goldfisch."

So manches Fräulein aus der Fabrik versuchte dem attraktiven und unverheirateten Chef schöne Augen zu machen. Die Blicke wurden jedoch von ihm nie erwidert.

Auch die großzügigen Geschenke blieben den Betriebsangehörigen nicht verborgen. Plötzlich trug Lore Schultze einen Verlobungsring am linken Ringfinger.

Nach kurzer Zeit stand für Wilhelm fest, dass er mit ihr schnell eine Familie gründen wollte. Vor allem wollte er bald Vater werden.

Es dauerte keine fünf Monate, da standen beide im Sommer 1953 vor dem Traualtar der altehrwürdigen St. Michaelskirche und gaben sich das *Ja* Wort.

Das Familienleben

Große Freude herrschte im Hause Kaiser, als 1954 der erste Sohn, Andreas, geboren wurde. Und ein Jahr später, am 10. Februar 1955, folgte Thomas. Sechs Jahre später kamen die Zwillinge Matthias und Johannes zur Welt. Für das katholische Ehepaar stand fest, dass alle ihre Kinder die Namen von Aposteln tragen sollten.

Lore war mittlerweile unentbehrlich in der Abteilung ‚Finanzen und Buchhaltung'. Schon kurz nach der Geburt ihrer beiden Söhne nahm sie ihre Arbeit in der Papierfabrik erneut wieder auf.

Innerhalb der Belegschaft begegnete man ihr mit Respekt, da sie als Mutter und Ehefrau des Chefs wieder voll arbeitete. Obgleich es ihr manchmal schwerfiel, Familienleben und Beruf zu vereinbaren.

Erst als die Zwillinge geboren wurden, zog sie sich für längere Zeit aus dem Arbeitsleben zurück.

Später, wenn nötig, half sie gelegentlich im Betrieb wieder mit. Ihre Tüchtigkeit war gefragt.

Sie genoss die Anerkennung in ihrer Arbeit, die sie bei ihrem Ehemann mittlerweile schmerzlich vermisste. Immer wieder beschwerte sie sich über zu wenig Aufmerksamkeit von ihm.

„Du bist mehr mit dem Betrieb und der Politik verheiratet als mit mir."

Dann kam prompt die Antwort:

„An was fehlt es dir? Ich bin doch großzügig! Kaufe dir Schmuck, gebe dir genügend Geld für den Haushalt, den wöchentlichen Friseurbesuch und für teure Kleider! Du hast doch alles, was du brauchst!"

Es war zwecklos, mit ihm darüber zu diskutieren. Aber dann antwortete sie kleinlaut:

„Aber Geld ist nicht alles! Es gibt auch noch was anderes! Das musst du doch einsehen!"

Sie hoffte, dass er verstand, was sie damit ausdrücken wollte. Aber in der Hinsicht hatte Wilhelm taube Ohren und wandte sich kopfschüttelnd von ihr ab.

Von ihrem Ehemann wünschte sich Lore mehr Nähe und Wärme. Viel zu selten nahm er sich Zeit für sie und die Kinder. Alles blieb an ihr hängen.

Für die Erziehung der vier Söhne war hauptsächlich sie zuständig. Doch dafür blieb oft wenig Zeit. Und Wilhelm verlangte von ihr, sie sollte als Mutter und vorbildliche Ehefrau in allen Bereichen funktionieren.

Zu seinen diversen Pflichtveranstaltungen verlangte er, dass Lore ihn begleitete. Immer adrett gekleidet zu sein und eine gewisse Zurückhaltung bei den Empfängen zu bewahren. Für sie war es absolut kein Vergnügen. Meistens langweilte sie sich in der steifen Gesellschaft, der sie nichts abgewinnen konnte. Wenn sie sich weigern wollte, bestand jedoch ihr Ehemann darauf, sie als schmückendes Beiwerk an seiner Seite zu haben.

Im Hause Kaiser sorgte das 45-jährige Fräulein Schneider für Ordnung und Essen. Die Hausangestellte lebte schon seit 12 Jahren unter einem Dach mit der Familie zusammen. Sie genoss voll und ganz das Vertrauen der Eheleute. Den Kindern wurde sie zur zweiten Mutter. Mit ihren Problemen kamen sie zuerst zu ihr, bevor sie ihren Eltern davon erzählten. Damit war Fräulein Schneider oft überfordert, konnte nicht helfen und ließ so manches bei den vieren durchgehen. Schließlich war sie keine Erzieherin, sondern eine gute Köchin, und eine, die das Haus sauber hielt.

Das Familienleben von Wilhelm Kaiser wirkte nach außen perfekt. Eine katholische, tüchtige Ehefrau, vier Buben, ein neugebautes Haus mit modernster Einrichtung, teures Auto, eine treue Haushälterin und der erarbeitete Wohlstand. Schon rechnete sich der Patriarch aus, dass mindestens einer der Buben sein Lebenswerk, *Kaiser-Papier*, mal übernehmen würde.

Unter seinen Freunden wurde Wilhelm wegen seiner Sprösslinge beneidet.

„Ja, ich habe Glück! Es sind prächtige Jungs! Aus denen wird mal was!", betonte er dann stolz. Er war nicht nur der erfolgreiche Unternehmer, der weit über die Grenzen der katholischen Stadt hinaus bekannt war, sondern auch der vermeintlich vorbildliche Familienvater.

Jeden Sonntag und an Feiertagen stolzierte vorneweg der gläubige Katholik mit seinem Familiengefolge zu den Gottesdiensten in die St. Michaelskirche.

Wenn der Klingelbeutel die Runde machte, steckte er immer einen größeren Geldschein hinein, aber so, dass die anderen Gläubigen es bemerkten. Jeder sollte sehen, wie großzügig seine Spenden für die Kirche ausfielen. Schon nannten ihn die Kirchenbesucher scherzhaft: „Unser Kaiser Wilhelm".

Das hörte er gerne. Schließlich hatten ihm seine Eltern aus Verehrung zum letzten deutschen Kaiser Wilhelm II. den Vornamen verpasst.

Zweifel am Glauben

Während ihrer Pubertät empfanden Andreas und Thomas die sonntäglichen Kirchgänge mit all den Ritualen als Gräuel, die sie über sich ergehen lassen mussten. Sie führten untereinander Gespräche, hegten Zweifel an der Jungfräulichkeit von Maria, an Gott im Himmel und der Auferstehung Christi. Niemand konnte ihnen plausibel erklären, wie so etwas möglich sein konnte. Immer wieder stellten sie die Glaubwürdigkeit der katholischen Kirche infrage und wollten sich dem ganzen Gehabe der Religion entziehen. Aber der autoritäre Vater ließ das nicht zu. Die Ausreden, plötzliche Bauchschmerzen, Durchfall oder Kopfschmerzen, halfen nicht. Er beharrte weiterhin auf dem gemeinsamen Kirchgang.

„Schon wegen der Leute muss das sein. Die würden an meinem Respekt zweifeln. Wie stehe ich denn sonst da?", war seine Befürchtung. „Solange ihr die Füße unter meinen Tisch stellt, macht ihr, was ich sage!"

Aufbegehren gegen die Einstellung des Vaters war deshalb zwecklos. Wohl oder übel mussten sie sich alle, auch Fräulein Schneider, seinen Anweisungen fügen.

Die eigene Welt

Soweit es möglich war, entzogen sich Andreas und Thomas heimlich der Autorität des Vaters, der als Oberhaupt über die Familie bestimmte. Die beiden Jungs amüsierten sich, wenn Lore hinter seinem Rücken spottete:

„Unser Kaiser Wilhelm! Fehlt nur noch die Krone!"

Ihr Ehemann stellte klare Regeln auf. Die Zwillinge mussten spätestens um 20 Uhr im Bett liegen. Die beiden Älteren durften eine Stunde länger aufbleiben. Höchstens am Wochenende erlaubte er ihnen die Fernsehkultsendungen im Abendprogramm: „Einer wird gewinnen" mit Hans Joachim Kulenkampff oder Peter Frankenfelds Quizsendung: „Toi, Toi,Toi" bis zum Ende anzusehen.

Wenn ihr Mann während der Woche abwesend war, hob Lore so manche Verbote heimlich wieder auf. Dann gestattete sie ihren ältesten Söhnen, bis spät abends vor dem Fernseher zu sitzen und ihre Lieblingssendungen: „Der Kommissar", „Columbo" oder „Erkennen Sie die Melodie" anzusehen.

Schließlich wollten sie sich durch das Fernsehen ‚bilden' und ‚die Welt kennenlernen', überzeugten sie ihre Mutter. Dafür waren sie ihr dankbar, die sie als vertrauenswürdig und warmherzig empfanden. Die beiden älteren Brüder entwickelten eine große Zuneigung zu ihr, bemängelten jedoch die knappe Zeit, die sie mit ihnen verbrachte. Fräulein Schneider konnte in dem Fall die Mutter nicht ersetzen.

Nur bei den Zwillingen hatte der Vater einen höheren Stellenwert und Sympathie, da er sie mit den neuesten Spielsachen überhäuften. Deshalb folgten sie brav ihrem Vater.

Andreas und Thomas hingegen gestalteten ihre eigene Welt im Verborgenen. Sie hatten die gleichen Vorlieben für alles Glitzernde und Funkelnde. Sobald die Eltern außer Haus waren, durchstöberten sie den Kleiderschrank der Mutter, holten die eleganten Abendkleider hervor und zogen sie an. Dann holten sie den teuren Schmuck aus der Kassette, stülpten sich die Ringe über die Finger und legten sich die Halsketten an. Zum Schluss puderten sie ihr Gesicht und schminkten sich die Lippen rot. Danach tänzelten wie Primaballerinen im Haus herum. Zum Vergnügen der beiden jüngeren Brüder und Fräulein Schneider, die dem Treiben amüsiert zusahen und versprechen mussten den Eltern nichts davon zu erzählen.

Fußball oder andere Sportarten interessierten sie nicht. Auch sämtliche Karl-May-Abenteuerbücher, die der Vater aussuchte, rührten sie nicht an.

Nur an den *Burda-* und *Constanze-*Modeheften und *Quelle-*Katalogen, die stapelweise herumlagen, zeigten sie Gefallen. Besonders angetan waren sie von den abgebildeten glamourösen Modellkleidern aus dem Pariser Modehaus Dior.

Was die Mode betraf, hatten Lore und ihre Söhne den gleichen Geschmack. Die drei verehrten den bekanntesten deutschen Modeschöpfer, Heinz Oestergard, der seine eleganten Kostüme mit strahlendem Lächeln in den *Quelle-*Katalogen präsentierte.

Die schönsten Modelle schnitt Thomas aus und klebte sie in sein Poesiealbum, das eigentlich für Einträge von Gedichten vorgesehen war.

Von der Vorliebe für Mode war Lore überzeugt und ihr Wunsch, dass entweder Andreas oder Thomas seines Tages in die Modebranche einsteigen würde.

Die beiden Brüder

Obgleich ein Altersunterschied von nur einem Jahr zwischen den Brüdern bestand, ähnelten sie sich äußerlich kaum.

Thomas war fünf Zentimeter kleiner als Andreas. Seine Augen schimmerten graugrün. Mit seinem verwegenen, treuen Blick konnte er jeden betören. Die dunkelblonden Haare waren glatt und dünn. Auf seinen schlanken Körper war er besonders stolz. Trotz seines mächtigen Appetits und des vielen Essens setzte bei ihm nichts an. Sehr zum Leidwesen seines Bruders, der mit zunehmendem Alter kräftig an Gewicht zulegte. Das Schönste an Andreas waren seine grünen Augen mit den langen Wimpern. Die Augen und die dicken, dunklen, lockigen Haare hatte er von seiner Mutter geerbt.

Thomas ähnelte seinem Vater.

Beide trugen die modischsten und teuersten Klamotten in ihrer Schule. Andreas gediegen elegant, Thomas dagegen schrill. Die mittlerweile 16 und 17 Jahre jungen, attraktiven Männer, waren sich ihres koketten Aussehens sehr wohl bewusst.

Der Neid ihrer Mitschüler war ihnen sicher.

Um die Gunst der schönen Kaiser-Brüder rangen in Konkurrenz die Mitschülerinnen auf dem Gymnasium. Da konnten die Miniröcke noch so kurz sein und die Brüste sich in den engen Pullis abzeichnen, es bestand bei beiden keinerlei Verlangen nach den Trägerinnen. Über die Liebesbriefe mit den roten Herzen, die sie von Gisela, Doris, Monika oder Helga zugesteckt bekamen, machten sie sich lustig. Es waren fast immer die gleichen Sätze: „Willst du mit mir gehen? Willst du mit mir knutschen? Du bist mein Märchenprinz. Ich habe Sehnsucht nach dir. Ich liebe dich."

Schallendes Gelächter hatten sie für die ‚dummen Gänse' übrig, wie sie ihre Verehrerinnen nannten. Nur der Mutter und Fräulein Schneider zeigten sie die Liebesbriefe, die sich ebenfalls über den Inhalt amüsierten. Fürsorglich mahnte Lore:

„Hauptsache, ihr macht keinen Unsinn mit den Mädchen. Ihr seid noch zu jung dazu!"

Um welchen *Unsinn* es sich handelt und zu was sie zu jung sein sollten, darüber wurden sie nicht aufgeklärt. Es herrschte Schweigen. Die Jungs fragten auch nicht. Sie konnten es sich denken.

Manchmal erwischte Wilhelm einige der Verehrerinnen, die schüchtern vor dem Haus standen.

Auf seine Frage: „Wartet ihr auf jemand?", kam kichernd die Antwort:

„Wir warten auf Andreas und Thomas."

Hinter dem Vorhang beobachteten die Brüder die ‚dummen Gänse', wie sie ihre Verehrerinnen nannten, und machten keinerlei Anstalten, zu ihnen hinauszugehen. Vielmehr gefiel es ihnen, dass Monika und Doris vor dem Haus ausharrten.

Andreas bemerkte süffisant: „Vorgestern hielten Helga und Gisela ‚Wache'. Was denken die sich nur? Wir wollen doch nichts von ihnen! Wann begreifen die das endlich?"

Wilhelm hätte nichts dagegen, wenn sich seine Jungs mit den Mädchen treffen oder sie mit nach Hause bringen würden.

Bei so vielen Bewunderinnen müsste doch eine dabei sein, die ihnen gefiele. Was ist nur mit meinen Söhnen los? Spätzünder?, rätselte er. Beruhigend erinnerte er sich daran, dass auch er einst zu den Spätzündern zählte.

Das Austesten der Sexualität

Mit einigen Freunden begannen die beiden Brüder bis jetzt nur die üblichen ‚Doktorspiele' zu betreiben. Mädchen waren nie dabei. Dabei entdeckten sie, dass es noch etwas anderes gab. Es folgten erste homosexuelle Erfahrungen, die die Brüder zuerst untereinander ausprobierten. Die Initiative ging von Andreas aus, der beim Anblick eines gewissen Männertyps spürte, dass sich etwas bei ihm regte. Beim sexuellen Treiben der beiden wurden sie von niemandem gestört. Dass sie homosexuelle Neigungen verspürten, war ihnen nicht bewusst. Darüber wurden sie bisher immer noch nicht aufgeklärt. Und mit Erwachsenen darüber sprechen wollten sie auch nicht. Nur dem gemeinsamen Freund Bernd, der bevorzugt die Kleider seiner älteren Schwester zu Hause trug, vertrauten sie sich eines Tages an. Auch er war sich über seine sexuellen Gefühle noch nicht im Klaren. Unbedarft, und aus Neugierde, wollte er seine Empfindungen austesten. Deshalb fragte er, ob sie das Gleiche auch bei ihm ausprobieren könnten.

Was dann die Kaiser Brüder mit ihm anstellten, empfand er als großes Vergnügen. Ab diesem Zeitpunkt spürte auch Bernd Lustgefühle für das eigene Geschlecht.

Jeder von den dreien wusste, dass sie etwas Verbotenes taten und schworen, darüber zu schweigen. Selbst der Beichtvater sollte ihre sexuellen Vorlieben im Beichtstuhl nicht erfahren. Darin waren sie sich einig:

„Schließlich sind wir keine Sünder. Warum sollten wir beichten? Wir sind nun mal so!"

Zurückhaltend und unauffällig versuchte Andreas seine Veranlagung möglichst zu verbergen. Das gelang ihm ausgezeichnet. Sein Auftreten nach außen war mustergültig. Deshalb war bei ihm keine Besonderheiten zu erkennen.

Anders bei Thomas, der seinem Wesen nach freier, extrovertierter auftrat und seinen Habitus stark veränderte.

Das fiel seinem Vater schon seit geraumer Zeit unangenehm auf. Er nahm sich fest vor, mit ihm ein ernstes Wort zu reden und überlegte sein Vorgehen. Dieses besprach er mit Lore.

„Wenn ich Thomas wieder in dieser unmöglichen Aufmachung sehe, werde ich andere Saiten aufziehen. Sobald Fräulein Schneider am Samstagnachmittag freinimmt und aus dem Haus geht, knöpfe ich ihn mir vor!"

Immer weiter steigerte er sich vor seiner Ehefrau in Rage.

„Das kann so mit Thomas nicht weitergehen. Schließlich muss ich auf meinen guten Ruf in der Stadt achten und an meine Wähler denken. In einem Jahr stehen die Wahlen an und meine Chancen als Parteivorsitzender stehen gut!“

Wilhelms Geduld schien am Ende zu sein. Lore hatte für seine Äußerungen nur ein müdes Lächeln übrig.

Der Wutausbruch

Gerade war Thomas wieder mit seinem bunten Lieblingshemd auf dem Sprung, das Haus zu verlassen. Sein Vater kam ins Wohnzimmer und schrie ihn mit barschem Ton an:

„Wie du wieder herumläufst. Lange, ungepflegte Haare, zu enge Schlaghosen, dazu dieses knallbunte Hemd. So willst du unter normale Menschen gehen? Mit deinem unmöglichen Gehabe machst du uns zum Gespött der Leute. Nimm dir mal deinen älteren Bruder zum Vorbild! Der läuft gesittet durch die Gegend, ist immer korrekt frisiert und ordentlich gekleidet.“

Nach einer kurzen Pause drohte er damit: „Wenn du dich nicht änderst, bekommst du Hausarrest, und zwar so lange, bis du zur Vernunft gekommen bist.“

Als diese Sätze fielen, platzte Thomas der Kragen. Schon lange wollte er seinem Vater unverhohlen reinen Wein einschenken über sich und seinen Bruder.

Jetzt schien der richtige Zeitpunkt gekommen zu sein.

Das halte ich nicht mehr aus, überlegte er zornig, der Vergleich mit meinem mustergültigen Bruder stinkt mir schon lange. Jetzt muss es raus!

Mehr als Selbstschutz holte er zu einer verbalen Attacke aus. Zunächst denunzierte er Andreas und gestand im gleichen Atemzug, dass auch er sich zum männlichen Geschlecht hingezogen fühlte. „Wir sind homosexuell!“

Thomas war der festen Überzeugung, dass dieses Bekenntnis beim Vater zum Verständnis ihrer homophilen Neigung beitragen würde. Aber genau das Gegenteil hatte er damit erreicht.

Wilhelm lief rot an und bekam einen heftigen Wutausbruch, den er nicht mehr unter Kontrolle halten konnte.

Mit einer unüberhörbaren Lautstärke schrie er:

„Was höre ich da? Schwul seid ihr? Und macht solche Sauereien? Das kann doch nicht wahr sein! Wer zum Teufel hat euch das beigebracht? Das ist doch völlig abnorm! Ihr seid doch krank!"

Bei diesen Worten erhob er seine Hand und war kurz davor, Thomas eine ordentliche Backpfeife zu verpassen. Zuckte aber in letzter Sekunde zurück und griff jetzt nach allem, was in seiner Nähe stand und warf es wild durch die Gegend. Dabei gingen die wertvolle Tischlampe, zwei Glasvasen und die teure Porzellanschale, mitsamt dem köstlichen Konfekt, zu Bruch.

Lore wollte ihn beruhigen und flehte ihn an: „Wilhelm hör auf! Unser teures Porzellan ..."

Aber in seiner Rage ließ er sich nicht beruhigen.

Noch nie hatten die anwesenden Zwillinge ihren Vater so aufgebracht erlebt wie in diesem Moment.

Voller Zorn und Wut verließ Wilhelm Kaiser türenknallend das Haus.

Zurück blieb seine schluchzende Ehefrau.

Thomas ging zu seiner in Tränen aufgelösten Mutter, schloss sie in seine Arme und tröstete sie: „Tut mir leid, aber das musste jetzt sein!"

Lore war in diesem Moment sprachlos.

Die leicht verstörten 11-jährigen Zwillingsbrüder, die nicht verstanden, worum es überhaupt ging, zogen sich zurück in ihr Zimmer und ließen wieder ihre Autos auf der *Carrera*- Autorennbahn laufen.

Mit einer gewissen Erleichterung verließ Thomas ebenfalls das Haus und atmete draußen tief durch. Die Wahrheit musste aus ihm heraus. Endlich hatte er sich Luft verschafft. Auch wenn die Konsequenzen nicht absehbar waren.

Nichts ahnend saß Andreas zu diesem Zeitpunkt im Kino *Lux*. Er sah mit seinem Freund Bernd einen Film über das Leben des Bayern-Königs Ludwig II. an.

Titel: „Ludwig -Requiem für einen jungfräulichen König" unter der Regie von Hans-Jürgen Syberberg. In den Hauptrollen Harry Baer und Ingrid Carven.

Der Film machte in der Bundesrepublik Furore, weil er ein Tabu brach, in dem die Homosexualität des Bayernkönigs deutlich wurde.

Nach dem wütenden Auftritt seines Vaters wollte auch Thomas zur Ablenkung den Film ansehen. Die Thematik passte genau zu seiner Situation und für die nächste Vorstellung kaufte er eine Kinokarte. Seinem Bruder, der mit Bernd aus dem Kinosaal kam, wollte er vorläufig nicht begegnen und versteckte sich hinter einer Säule. Erst später sollte der erfahren, welche Katastrophe Thomas im Hause ausgelöst hatte.

Die Entdeckung der Schande

Noch immer war Wilhelm von der Tatsache geschockt, dass ausgerechnet seine beiden minderjährigen Söhne, Andreas, 17, und Thomas, 16, homosexuell veranlagt sind. Er konnte es nicht fassen und wollte sich niemanden in seinem Freundeskreis anvertrauen.

Nach der Entdeckung brach bei dem Familienvater seine erarbeitete ‚heile Welt' zusammen. Schließlich war er ein angesehener Unternehmer in der katholischen Stadt, der nebenbei ein bedeutendes politisches Amt bekleidete. Homosexualität sah er als Schande und üble Krankheit an.

Im Strafgesetzbuch war der § 175 nicht gänzlich abgeschafft. Es war das Jahr 1972 und Homosexualität war im Alter seiner minderjährigen Söhne streng unter Strafe gestellt.

Wie oft hatten Wilhelm und seine Freunde am Stammtisch über den heute 62-jährigen Friseur Walter Schönbeck gelästert und sich lustig gemacht. Für die honorigen Herren war er die ‚Schwuchtel Walter' mit der auffälligen, weiblichen Stimme.

Alle wussten, dass Walter Schönbeck während der Nazizeit im KZ Buchenwald den rosa Winkel tragen musste und nur knapp dem Tode entronnen war. Aber darüber schwiegen die Stammtischbrüder. Das war ein Tabuthema in der Stadt.

So ein Unglück, und jetzt habe ich sogar zwei von der Sorte. Wie ist das nur möglich? Wie konnte es dazu kommen?, fragte sich Wilhelm besorgt. Auf keinen Fall dürfen meine Parteifreunde oder unsere Nachbarn davon erfahren.

Auch Lore kannte die Gerüchte über den Friseur Schönbeck. Hatte sich aber darüber nie Gedanken gemacht. Überhaupt wusste sie nicht viel über Homosexualität. Sie kannte in dem Zusammenhang die Ausdrücke ‚warmer Bruder' oder ‚vom anderen Ufer'. Und dass Männer mit Männern irgendetwas machen. Was und wie, konnte sie sich nicht vorstellen. Naiv glaubte sie, dass es sich um eine Krankheit handelte, die irgendwann wieder verschwindet.

Während der ganzen Woche wurde über den Wutausbruch und die im Haus angerichteten Schäden geschwiegen. Schnell wurden die Scherben sorgfältig von Fräulein Schneider beseitigt. Über den eigentlichen Grund verlor im Haus niemand ein Wort.

Aber die Homosexualität seiner Söhne kreisten ständig in Wilhelms Gedanken. Immer wieder fragte er sich, wie konnte das alles bloß geschehen? Ist es niemanden aufgefallen?

Der Ehekrach

Ziemlich betrunken kehrte Wilhelm Kaiser von seinem üblichen Stammtischtreffen am späten Freitagabend nach Hause zurück. Alle Lichter waren bereits erloschen. Nur aus dem Schlafzimmer drang diffuses Licht durch die heruntergelassenen Rollläden. Er hatte sich fest vorgenommen, unbedingt mit Lore ein ernsthaftes Gespräch zu führen.

Polternd betrat er das Schlafzimmer. Seine Frau lag schon im Bett, blätterte in einer Zeitschrift und griff nach den Pralinen in der halbleeren Schachtel, die auf ihrem Nachttisch stand.

„Schon zurück von deinen Freunden?", fragte sie süffisant.

Dabei fielen ihr die zornigen Züge ihres Gatten auf. Sie kannte den Gesichtsausdruck, der nichts Gutes verhieß.

Wilhelm war ziemlich aufgebracht und machte ihr konfuse Vorwürfe:

„Du hast in der Erziehung völlig versagt. Du hast Schuld am Schwulsein der beiden Jungs. Ist dir nie aufgefallen, was sie so getrieben haben?"

Alles lief auf einen handfesten Ehekrach zu. Aber Lore wehrte sich: „Das Gleiche könnte ich dich fragen. Du hast dich doch nie um die Erziehung der Kinder gekümmert. Du bist dauernd unterwegs. Kümmerst dich nur um deine Parteikarriere. Die ist dir doch wichtiger als unser Familienleben."

Nach einer Weile setzte Wilhelm noch eins drauf:

„Im Übrigen hat es in meiner Familie keine ‚175er' gegeben. Das muss von deiner Familie vererbt worden sein."

Das konnte sich Lore nicht gefallen lassen.

„Was redest du für einen Unsinn. In unserer Familie gab es nur meine Schwester Helene und meine Cousine Ilona."

Erregt hob sie zum Gegenschlag auf:

„Haben dich deine Stammtischbrüder aufgehetzt? Bist du deswegen so gereizt?" Und weinend fügte sie hinzu: „Es ist mir egal, ob Andreas und Thomas vom ‚anderen Ufer' sind. Dann ist es eben, so! Ich kann sie doch deswegen nicht verstoßen. Was ist denn mit deinem christlichen Gewissen? Es sind doch unsere Kinder. Begreifst du das nicht?"

Wilhelm wollte sich nicht besänftigen lassen und bekräftigte nochmals eindringlich:

„Ich kann es mir nicht leisten, meinen guten Ruf wegen dieser Schmach aufs Spiel zu setzen. Ich kandidiere schließlich für den Parteivorsitz. Die Leute werden sich die Mäuler zerreißen, wenn das herauskommt. Dann ist es vorbei mit meiner politischen Karriere."

Lautstark legte er nach: „Du weißt, dass Homosexualität verboten ist und unter Strafe steht!"

Lore war in dem Moment ratlos.

Nach dieser Attacke ging Wilhelm ins Badezimmer und erleichterte sich auf der Toilette. Als er zurückkam, hatte sich seine Stimmung ein wenig beruhigt.

„Es muss dringend etwas geschehen!"

Dann legte er sich neben seiner Frau ins Bett, drehte ihr den Rücken zu und begann zu schnarchen. Wie immer, dachte Lore und knipste die Lampe auf ihrem Nachttisch aus.

Die Maßnahmen

In der neuesten Ausgabe der Illustrierten *Quick* stand ein zweiseitiger Artikel von einem angesehenen Psychiater, der durch Hypnose wahre Wunder vollbracht hatte. Wilhelm erfuhr davon und überlegte, vielleicht kann der helfen, die beiden zur Vernunft und auf den richtigen Weg zu bringen.

Er wollte keine Zeit verlieren, fand die Adresse heraus und vereinbarte telefonisch einen Termin zum Vorgespräch mit dem Psychiater, Dr. Ferdinand Krug, der seine Praxis in der nahegelegenen Großstadt hatte.

Zwei Tage später saß er dem ‚Wunderdoktor' gegenüber, erklärte ihm genau den Sachverhalt und die dadurch entstehenden gesellschaftlichen Zwänge, wenn das bekannt würde. Geduldig hörte der Psychiater den Ausführungen zu und konnte ihm Heilung mit seinen bewährten Methoden zusichern. Er schlug vor, seine erprobten Hypnosen anzuwenden. Überzeugend versprach er: „Ich bekomme das schon hin. In zehn Sitzungen. Dann müssten sie kuriert sein. Bringen Sie mir die beiden vorbei."

Zuletzt fügte er hinzu: „Pro Sitzung berechne ich 50 D-Mark, die sie aus eigener Tasche bezahlen müssen."

Bei dem Preis zuckte Wilhelm zunächst zusammen.

Das ist eine Menge Geld, dachte er, aber wenn seine Methode hilft, ist sie das Geld wert.

Entspannt trat er die Rückfahrt nach Hause an. Er hatte ein gutes Gefühl und überlegte sich einen Plan, wie er seine Jungs zu den Sitzungen locken könnte.

Am selben Abend nahm sich Wilhelm Zeit und besprach behutsam mit Andreas und Thomas die Methoden, die Dr. Krug anwenden würde. Bei der Vorstellung, eine Hypnose über sich ergehen zu lassen, stellten sich die beiden Brüder ein furchterregendes Szenarium vor.

„Es ist doch nicht schlimm. Ihr spürt nichts", beruhigte sie der Vater. „Versucht es doch wenigstens. Ich fahre euch zu den Sitzungen hin, warte, danach gehen wir schick essen, wohin ihr wollt. Und, ich stocke euer Taschengeld auf das Doppelte auf."

Das war das Signal! Denn das Geld konnten beide für neue Klamotten und Schallplatten immer gut gebrauchen. Zwar mit einem gewissen Argwohn, stimmten sie der Prozedur doch zu. Auch schon deshalb, weil sie meinten ihrem Vater damit einen Gefallen zu tun und er sie dafür in Ruhe ließe. Plötzlich herrschte im Hause Kaiser ‚Friede, Freude, Eierkuchen'.

Es folgten mehrere Sitzungen hintereinander. Der Psychiater gab sich große Mühe. Durch Hypnose, eindeutige Gespräche, Vorlagen von nackten Frauen in eindeutigen Posen und speziellen gymnastischen Übungen versuchte Dr. Krug eine Umorientierung auf das weibliche Geschlecht zu erreichen. Dabei beobachtete er ihre Reaktionen. Aber da kamen weder

Lustgefühle, Erektionen oder Empfindungen auf. Erst als er Bilder von nackten Männern vorlegte, regte sich was bei den beiden.

Bitter musste Dr. Krug eingestehen, dass seine Methode ihre Wirkung verfehlte. Den Kaiser-Brüdern war nicht zu helfen. Die Behandlungen wurden nach sieben Sitzungen beendet.

Wilhelm war enttäuscht und weiter ratlos. Sich damit abfinden?

Der Juwelier

In der Marktstraße befand sich das alteingesessene, sehr feine Juweliergeschäft *Marholt*. Geführt in der dritten Generation von Hans Marholt Junior, der durch seine Kompetenz, Höflichkeit und Eleganz großes Ansehen bei seinen Kunden genoss.

Auch Wilhelm Kaiser gehörte zum Kundenkreis und schätzte das Fachwissen des Juweliers.

Privat gingen sich beide nach Möglichkeit aus dem Weg. Kam es dennoch zu einer unvermeidlichen Begegnung, unterhielten sie sich höflichkeitshalber, gerieten aber binnen weniger Minuten, wegen ihrer unterschiedlichen Weltanschauungen in Streit. Genau dann, wenn der eine die politische, fortschrittliche Position in seiner Partei mit dem **F** verteidigte, die der andere aus der Partei mit dem **C** wiederum als zu liberal empfand.

Die konservative Meinung des Papierfabrikanten missfiel dem Juwelierbesitzer. Schnell beendete er dann die Diskussion, um nicht das Risiko einzugehen, einen potenziellen, wohlhabenden Kunden zu verlieren.

Erst mit 36 Jahren entdeckte Hans Marholt seine homosexuelle Seite. Da war er schon 10 Jahre verheiratet und hatte eine 9-jährige Tochter.

In der Gesellschaft der katholischen Stadt musste er seine Homosexualität tunlichst verbergen. Deshalb suchte er heimlich in der nächsten Großstadt die einschlägigen Szenebars auf, in denen er sich unter Gleichgesinnten wohlfühlte. Dort fand er den einen oder anderen jungen Liebhaber mit denen er sich in dunklen Ecken oder im Auto vergnügte.

Zu Hause verhielt er sich weiterhin als treuer Ehemann. Die Vorliebe ihres Mannes zu jungen Männern blieb seiner Gattin gänzlich verborgen.

Die Liebeserfahrungen

Häufig blieb Thomas Kaiser vor den geschmackvollen Dekorationen im Schaufenster des Juweliergeschäftes *Marholt* stehen und bewunderte die glitzernden Auslagen. Er spürte, dass ihn nicht nur die wertvollen Schmuckstücke anzogen, sondern auch der elegante Besitzer, der ihm zuwinkte, wenn Thomas ihn durch die Scheibe beobachtete. Eines Tages fasste er sich ein Herz und betrat das Juweliergeschäft, ohne Absicht etwas zu kaufen.

Dass er einer der Söhne von Wilhelm Kaiser war, wusste Hans Marholt und verwickelte ihn in ein Gespräch.

Dem Juwelier gefiel die freche, vorwitzige Art des Jungen, der anfing Witze unterhalb der Gürtellinie zu erzählen.

„Du nimmst kein Blatt vor den Mund“, bemerkte er schmunzelnd. „Selbst vor ‚Schweinewitzen‘ schreckst du nicht zurück. Das gefällt mir!“

Er wollte Thomas näherkommen und bot ihm kurzerhand einen Job an.

„Ich brauche dringend jemanden, der kleine Botengänge für mich erledigt. Hast du Lust dazu?“, fragte er vorsichtig. „Wenn du Zeit hast, kannst du nach der Schule kommen und dein Taschengeld aufbessern. Was meinst du?“

„Meine kostbare Zeit ist nicht mit Gold aufzuwiegen. Aber für Sie mache ich eine Ausnahme!“, antwortete Thomas keck und sah Hans Marholt mit einem betörenden Blick an. Schon wähnte er sich am Ziel seiner Liebessehnsüchte.

An diesem Abend wehte ein stürmischer Herbstwind, der das Laub in den Straßen heftig aufwirbelte. Menschen waren kaum noch unterwegs.

Thomas hätte von seinem ersten Botengang schon längst zurück sein müssen. Nun machte sich der Juwelier langsam Sorgen um ihn. Gerade wollte er sein Geschäft schließen, da tauchte Thomas lachend und mit völlig zerzausten Haaren auf.

„Wo warst du so lange? Habe dich schon früher erwartet!“

Wie aus der Pistole geschossen kam die Antwort:

„Musste noch was für meinen kranken Hamster besorgen.“

„Ach, du hast einen Hamster?“

„Es ist eine Katze, die wie ein Hamster aussieht. Aber eigentlich ist es eine weiße Ratte."

Skeptisch schaute Hans Marholt drein und fragte:

„Was ist das für eine Geschichte? Du fürchtest dich doch vor Tieren, oder?"

„Die Tiere sind aus Stoff!", lachte Thomas.

Es machte ihm Spaß, seinen ‚Chef' zu verunsichern und er dachte nicht daran, seine Verspätung aufzuklären.

Nach dem albernen Wortgeplänkel lockte der Juwelier den Schüler unter dem Vorwand:

„Ich will dir was kostbares zeigen!", in den hinteren Raum.

Ohne lange zu zögern, nutzte Hans Marholt die Gelegenheit und umarmte den 17-Jährigen. Dabei drückte er ihn fest an sich und steckte ihm seine Zunge tief in den Mund. Es sollte nicht bei dem leidenschaftlichen Zungenkuss bleiben. Schnell öffnete er Thomas' Hose, griff an das bereits erigiertes Glied und küsste es.

Nun war Thomas an der Reihe und tat das Gleiche bei dem Juwelier. Der erfahrene Liebhaber gab genaue Anweisungen über das, was Thomas jetzt ausführen sollte und drehte sich dabei um. Es folgte ein heftiger Liebesakt, bis beide den Höhepunkt der Befriedigung erreichten.

Für Thomas war es das erste Mal, dass sein Penis in einen erwachsenen Mann eindrang. Genau das war seine Absicht! Er war voll zufrieden und hatte sein Ziel erreicht, eine Affäre mit dem eleganten Herrn Marholt, seinem Lehrmeister.

So habe ich mir das vorgestellt, triumphierte er innerlich, das wird nicht das letzte Mal gewesen sein.

Eindringlich mahnte der Juwelier, mit niemandem über das, was sie eben getan hatten, zu sprechen.

„Es bleibt unser Geheimnis. Verstehst du?"

Dabei griff Marholt nach einer Goldkette, die er schon auf dem Tisch bereitgelegt hatte, und legte sie Thomas um den Hals.

„Es war so ein schönes Erlebnis. Dafür danke ich dir. Diese Goldkette soll uns zusammenschweißen."

Erfreut über das schöne Schmuckstück, bedankte sich Thomas mit einem Kuss.

„Die Kette ist wunderschön. Ich werde niemanden etwas davon

erzählen! Ich kann schweigen wie ein Grab!", beteuerte er.

„Ich will weiterhin Botengänge für dich erledigen!"

Schon grübelte er, was es wohl beim nächsten Mal für ein Geschenk geben werde?

Der Juwelier verabschiedete seinen jungen Liebhaber mit zärtlichen Küssen und flehte inständig:

„Komm so schnell wie möglich wieder! Ich warte auf dich! Du gefällst mir!"

Nach der Verabschiedung wurde es Marholt plötzlich mulmig zumute. Was hatte er getan?

Ausgerechnet den minderjährigen Sohn von Wilhelm Kaiser habe ich verführt. Wenn der Wind davon bekommt, nicht auszudenken, was dann passiert. Ich muss vorsichtig bei meinen Liebesabenteuern sein. Wenn das rauskommt, bin ich echt erledigt, befürchtete er.

Dazu schwebte das Damoklesschwert des § 175 im Strafgesetzbuch über ihm.

Zu Hause fragte Andreas neugierig seinen Bruder:

„Woher hast die goldene Kette?"

„Habe ich von meinem ersparten Taschengeld gekauft", war Thomas überzeugende Antwort.

Thomas' Versagen

Trotz Klassenwiederholungen und Nachhilfestunden wurden Thomas Schulnoten immer schlechter. An keinem der Fächer zeigte er Interesse. Vor allen Dingen nervten ihn die Lehrer, die mit ihrer Strenge versuchten, ihm den Lehrstoff beizubringen. Es machte keinen Sinn, weiterhin das Gymnasium zu besuchen. Das sahen auch die Eltern ein.

„Einen richtigen Beruf, der deinen Interessen entspricht, kannst du auch ohne Abitur erlernen", riet ihm sein Vater.

Diese Meinung vertrat Thomas auch und wollte mit seinen 17 Jahren so schnell wie möglich auf eigenen Füßen stehen.

Eine Ausbildung in einem Hotel schwebte ihm vor. Von der Idee war sein Vater begeistert und besorgte ihm daraufhin einen Ausbildungsplatz im renommierten Hotel *Central*, dessen Direktor, Günther Wichmann, er gut kannte.

Am 3. April 1972 trat Thomas mit kurz geschnittenen Haaren und dunklem Anzug, den ihm sein Vater extra zu diesem Anlass gekauft hatte, seine Lehre zum Hotelfachmann an. Auf ordentlichem Aussehen bestand Herr Wichmann, der streng über seine Angestellten wachte. Mit Argusaugen hatte er sein Personal an der Rezeption und im Service im Blick. Ihm entging nichts.

Durch seine Freundlichkeit und Hilfsbereitschaft genoss Thomas große Beliebtheit bei den Gästen, die ihn dann reichlich mit Trinkgeld bedachten.

Aber er war ein völliger Versager, was die kaufmännischen Aufgaben betrafen, die er in seiner Lehre erfüllen musste. Ihm fehlte gänzlich das Interesse dafür. Das fiel Herrn Wichmann auf und er war auch mit Thomas' ständigem Zuspätkommen höchst unzufrieden, das er fortwährend anmahnte.

Das führte dazu, dass nach knapp zwei Jahren der Ausbildungsvertrag in beidseitigem Einvernehmen aufgehoben wurde.

Sehr zum Ärger von Wilhelm Kaiser, der sich bis auf die Knochen blamiert fühlte.

„Herr Wichmann hat mir von deiner Unfähigkeit, Disziplin zu halten, erzählt. Was soll nur aus dir werden? Herumgammeln, wie alle diese Langhaarigen?", fragte er streng. „Mit deinen Flausen im Kopf landest du eines Tages auf der Straße. Oder bei der Müllabfuhr. Wie stellst du dir dein zukünftiges Leben vor?"

Darauf hatte Thomas keine Antwort.

Der ältere Bruder

Andreas war der Streber in der Familie. Sein Leben verlief relativ geradlinig. Das Pädagogik-Studium hatte er erfolgreich beendet und ein Lehramtsreferendariat in Wiesbaden in Aussicht. Das verkündete er stolz seinen Eltern. Und noch eine Neuigkeit hatte er parat, dass er beabsichtige, bald zu heiraten.

Über beide Ereignisse herrschte bei den Eheleuten Kaiser große Freude. Besonders, dass der Älteste eine Frau gefunden hatte und in Kürze den

Bund der Ehe eingehen wollte. Ein größeres Geschenk hätte Andreas seinem Vater nicht machen können.

„Na, also haben die Sitzungen bei Dr. Krug doch etwas bewirkt. Zumindest bei Andreas. Da bin ich mir sicher! Die Investition hat sich gelohnt!“, triumphierte Wilhelm. Seine Ehefrau spürte jedoch eine gewisse Skepsis, hielt sich aber mit Äußerungen zurück.

Christine, die Auserwählte, war fünf Jahre älter als Andreas und ein herber, unterkühlter Typ. Sex bedeutete ihr nicht viel und sie empfand dabei auch keine Lustgefühle. Auf einer Party bei Freunden hatten sich die beiden vor geraumer Zeit kennengelernt. Der hübsche, sympathische Andreas mit den guten Manieren gefiel Christine. Schließlich träumte die Juristin davon, einen attraktiven Mann zum Ausgehen und Vorzeigen zu haben. Dass er homosexuell veranlagt war, störte sie nicht im Geringsten. Im Gegenteil, das machte ihn interessanter, da er keinen Wert auf eine sexuelle Beziehung zu einer weiblichen Person legte. Das passte genau zu ihren eingeschränkten Gefühlen. Zwischen den beiden entwickelte sich eine innige Freundschaft.

Irgendwann kam Christine auf die Idee: warum nicht heiraten? Ohne zu zögern, stimmte Andreas dem Gedanken begeistert zu. Er mutmaßte, dass ein verheirateter Lehrer im staatlichen Schuldienst mehr Ansehen und Respekt erfährt. Hauptsache seine Homosexualität bleibt unentdeckt.

Auch Christine zog praktische Gründe für eine Eheschließung in Erwägung. Neben ihrer juristischen Laufbahn strebte sie eine politische Karriere in der **C**-Partei an und war der Meinung, dass sie unbedingt dafür einen Mann an ihrer Seite vorweisen müsste. Als alleinstehende Frau rechnete sie damit, dass es schwieriger sein würde sich unter den konservativen Männern durchzusetzen. Ehrgeizig betrieb sie das Vorwärtskommen innerhalb der Partei. Dabei erwies sich die Stellung und die Beziehungen von Wilhelm Kaiser in der **C**-Partei als äußerst nützlich.

Einvernehmlich stimmten beide überein, dass es sich um eine reine Zweckehe handeln sollte. Darüber müsse unbedingtes Stillschweigen herrschen. Auch der enge Freundeskreis hielt dicht. Weder die Eltern von Andreas noch die von Christine durften die wahre Absicht erfahren. Beide spielten die Rolle eines trauten Liebespaares perfekt, das demnächst den Bund der Ehe eingehen wird.

Gleichzeitig ging Andreas mit wechselnden Partnern seiner homosexuellen Neigung nach. Aber noch vorsichtiger als zuvor.

Im Frühjahr 1975 stand das Brautpaar feierlich vor dem Altar der St. Michaelskirche. Unter dem Segen des Bischofs tauschten sie Ringe und Küsse aus.

Im angemessenen Stil fand anschließend im großen Saal des Hotels *Central* die Hochzeitsfeier statt. Rund 300 Gäste, meist Geschäftsfreunde der beiden Familien, folgten der pompösen Einladung.

Der Brautvater, ein Banker, hielt vor dem Essen die Hochzeitsrede: Aus ganzem Herzen bin ich beglückt, dass Christine und Andreas sich gefunden haben. Ich kann mir keinen besseren Mann für meine Tochter wünschen. Haltet für immer an eurer Liebe fest. Es gibt nichts Besseres. Vertraut euch gegenseitig und achtet euch. Auch dass eure Liebe fruchtbar sei und wir bald Enkelkinder bekommen. Ich möchte unsere Gäste nun bitten, mit mir anzustoßen und auf das Wohl des Hochzeitspaares zu trinken!"

Dann stand Wilhelm auf, überreichte seinem Sohn ein vergoldetes Hufeisen als Glücksbringer und einen großen, versiegelten Umschlag. Darin befand sich ein Gutschein für eine Wohnzimmereinrichtung von unbegrenztem Wert.

Thomas, der mit Freunden seines Bruders und Freundinnen von Christine gemeinsam am Tisch saß, beobachtete die ganze Zeit die Hochzeitszeremonie. Am liebsten hätte er die heuchlerische Szenerie mit lautem Geschrei über die Realität beendet. Hielt sich aber zurück, da er seinen Bruder vor den honorigen Gästen doch nicht brüskieren wollte. Aber es kochte in seinem Inneren. Diese verlogene Gesellschaft. Richtig ekelhaft. Geradezu abstoßend, dachte er empört.

Nach dem opulenten Essen floss der Champagner in Strömen. Zur späten Stunde herrschte unter den Gästen eine ausgelassene Stimmung. Die ersten Betrunkenen kotzten sich schon über der Kloschüssel aus.

Mittlerweile hatte auch Andreas viel getrunken. Auf seine Angetraute achtete er kaum. Mit Harald, dem Begleiter einer Freundin seiner Frau, flirtete er heftig und signalisierte ihm, sich auf der Herrentoilette zu treffen. Von den übrigen Gästen unbemerkt, verließen sie den Saal.

Ohne gestört zu werden, vergnügten sich beide skrupellos in der

Toilettenkabine. Kurz darauf betrat Thomas den Toilettenraum. Er brach in helles Lachen aus, als sein Bruder in Begleitung von Harald aus der Tür herauskamen.

„Das habe ich mir fast gedacht!“, und schmunzelnd fragte er: „Verspürst du so einen Überdruck, dass du es nicht mehr aushalten kannst? Und das, während die Hochzeitsfeier in vollem Gange ist? Was würde denn deine Frau dazu sagen? Na, und erst unser Vater ...“

„Thomas, du weißt genau, was los ist. Halte bitte den Mund! Versprich es mir!“

„Das muss ich mir überlegen. Was ist dir denn mein Schweigen wert?“, feixte Thomas.

Daraufhin löste Andreas die neue Uhr vom Arm, die ihm seine Schwiegermutter vor ein paar Stunden geschenkt hatte und warf sie voller Wut auf den Boden.

„Hier dein Schweigegeld! Du mieser Kerl!“

Thomas hob die teure Uhr auf und stecke sie mit einer gewissen Häme in seine Jackentasche.

Jahre später verkaufte er das ‚Schweigegeld‘. Die wertvolle Uhr fand er hässlich und hatte sie nie getragen.

So, als ob nichts gewesen wäre, gingen alle drei wieder zurück in den Festsaal. Es wurde weiter bis in die Morgenstunden gefeiert.

Einen Monat nach der Hochzeit zog das frischgebackene Ehepaar Kaiser in die hessische Hauptstadt - nach Wiesbaden.

Die Reise nach Berlin

Zu einer viertägigen Stippvisite nach Berlin lud Lore ihren Sohn Thomas ein. Es war sein erster Besuch in der geteilten Stadt. Und dann im berühmten, vornehmen Hotel *Kempinski* in der Fasanenstraße übernachten, das war Luxus pur für ihn.

Bei der Ankunft entdeckten sie in der Lobby die Schlagersänger Chris Roberts und Michael Holm, der mit seinen ‚Tränen lügen nicht‘ in der „ZDF-Hitparade“ auf den vordersten Plätzen lag. Zu ihnen gesellte sich der

Moderator der Sendung, Dieter Thomas Heck.

Lore konnte es nicht fassen, ihr Lieblingssänger Chris Roberts stand unmittelbar vor ihr. Sofort summte sie seinen neuesten Hit ‚Du kannst nicht immer 17 sein'.

„Lass dir mal Autogramme von allen drei geben", forderte sie verschämt Thomas auf.

Ohne zu zögern, ging er auf die Stars zu, unterhielt sich mit ihnen und kam mit den Autogrammkarten zurück, auf denen jeweils stand: ‚Für Lore, herzlichst …' Und er hatte noch eine Überraschung.

„Wir sind heute Abend im Studio 3 der Berliner Unionfilm in Tempelhof zur Live-Übertragung der „ZDF-Hitparade" von Dieter Thomas Heck eingeladen worden. Unsere Namen hat er auf einer Liste notiert."

„Großartig!", jubelte Lore und gab ihrem Sohn einen Kuss.

„Das ist doch schon mal ein guter Start für unseren Berlin-Aufenthalt. Wie hast du das angestellt?"

„Habe so meine ‚Beziehungen'!", ulkte er augenzwinkernd.

Mit großer Begeisterung folgten sie der Einladung.

Es war ein Privileg, der beliebten Sendung beizuwohnen.

Der ‚Stuhlingenieur', wie sich der ZDF-Mitarbeiter nannte, wies ihnen die Zuschauerplätze zu. Thomas musste sich neben die Neuentdeckung, Tina York, setzen. Seine Mutter dagegen wurde an die linke Seite von Howard Carpendale platziert, der seinen Hit ‚Deine Spuren im Sand' präsentieren sollte. Er begrüßte Lore neben sich freundlich, gehörte aber nicht zu ihren favorisierten Schlagersängern. Liebend gerne hätte sie an der Seite von Chris Roberts gesessen, jedoch waren die Plätze besetzt. Total aufgeregt war sie, als der Aufnahmeleiter das Schild „Achtung Aufnahme" hochhielt und mit seinen Fingern von 10 bis 1 rückwärts zählte. Mit tosendem Applaus, den das Publikum vorher einüben musste, wurde der Moderator Dieter Thomas Heck begrüßt. Dann schrie er mit seiner kräftigen Stimme ins Mikrofon:

„Samstagabend, 19 Uhr 30. Hier ist Berlin. Und hier ist Ihre deutsche Hitparade …"

Diese Ansage kannten Lore und Thomas bereits aus den Sendungen, die sie samstags immer verfolgten.

Und wir sind live dabei, freute sich Thomas.

Zum Schluss der Sendung ergriff der ‚Stuhlingenieur' erneut das Wort: „Vielen Dank. Sie waren ein großartiges Publikum! Davon konnten sich Millionen von Zuschauern vor den Bildschirmen überzeugen. Wir wünschen einen guten Heimweg!"

Glückselig verließen Frau Kaiser und ihr Sohn das Fernsehstudio.

Als sie im *Hotel Kempinski* nach dem Zimmerschlüssel fragten, übergab ihnen der Rezeptionist einen Zettel, darauf stand: ‚Habe euch im Fernsehen gesehen. Papa.'

Am nächsten Tag spazierten Mutter und Sohn zur Berliner Mauer, die auf der Westseite voller bunter Graffiti bemalt war und 43 Kilometer mitten durchs Stadtgebiet verlief. Beide standen ergriffen auf dem Aussichtsplateau und sahen die Grenzsoldaten mit den Schäferhunden, die über den geharkten Todesstreifen liefen. Auf der gegenüberliegenden östlichen Seite sahen sie die Tristesse der Häuser, deren Fenster teilweise zugemauert waren.

Plötzlich kamen bei Lore wieder Erinnerungen hoch. Dann erzählte sie das erste Mal über ihr damaliges Leben in der DDR.

„Es war voller Entbehrungen und Restriktionen. Das habe ich als 23-Jährige nicht mehr ausgehalten und bin nur mit einer kleinen Tasche in den Westen geflüchtet." Lore kämpfte mit den Tränen. „Leicht fiel es mir nicht, meine Angehörigen zurückzulassen. Aber deine verstorbene Großmutter und deine Tante Helene hatten sich mit den damaligen Gegebenheiten gut arrangiert. Ich wollte das nicht. Meine Schwester Helene hatte nach meiner Flucht eine stramme Parteikarriere begonnen. Für sie waren wir die Kapitalisten, mit denen sie nichts tun haben wollte. Und jetzt soll sie im ‚Ministerium für auswärtige Angelegenheiten' einen wichtigen Posten begleiten. Deswegen darf sie mit uns keinen Kontakt aufnehmen".

„Warum?"

„Wegen des politischen Amtes deines Vaters."

„Du hast mit uns nie darüber gesprochen", wunderte sich Thomas.

„Ich habe das alles vor euch verheimlicht. Nur euer Vater kannte den Sachverhalt. Warum sollte ich euch damit belasten?"

Für einen Moment hielt Lore innen. Dann hakte sie sich bei Thomas unter und beschloss: „Lass uns von vergnüglicheren Dingen reden. Wo wollen wir heute Abend essen gehen?"

Thomas schlug das Traditionslokal *Hardtke* in der Meinekestraße 27 vor, wo es Currywurst und Berliner Leber gab.

„Unbedingt die Berliner Gerichte dort essen!", hatte ihm Hans Marholt vorgeschwärmt.

Den eigentlichen Grund ihres Berlin-Aufenthaltes erledigten sie am Montag. Lore wollte sich im *Modehaus Horn*, schräg gegenüber des Hotels *Kempinski*, und im *KaDeWe* neu einkleiden. Geduldig stand ihr der Sohn beratend zur Seite. Sie wusste, dass sie sich auf seinen Kennerblick und Geschmack verlassen konnte. Ein Kleid nach dem anderen wurde in großen Einkaufstaschen verstaut.

Thomas konnte sich an den exklusiven Kleider-, Schuh- und Taschenläden, den Parfümerien, die sich aneinanderreihten, nicht sattsehen.

„Zu den neuen Kleidern brauchst du noch dringend die passenden Accessoires!", bedrängte der Sohn seine Mutter.

Bei *Mädler* fand sie eine schicke Handtasche und dazu passende Stöckelschuhe im Schuhgeschäft *Leiser* nebenan.

„Unbedingt sollten wir da drüben die elegante Parfümerie aufsuchen! Die sieht von außen toll aus!"

Und schon wurde Lore mit einer Duftwolke am Eingang empfangen. Die Verkäuferin mit den kirschroten Lippen und den stark geschminkten, schwarzumrandeten großen Augen, riet ihr zu der neuen Duftnote von *Guerlain*. In die Einkaufstasche kamen noch ein Lippenstift und der passende Nagellack dazu.

Bei der Einkaufstour durfte Thomas sich mit einer beigefarbigen Wildlederjacke, ein Paar Schuhe und jeder Menge modischer Unterwäsche im *KaDeWe* eindecken. Geld spielte im Hause Kaiser keine Rolle. Nach dem Kaufrausch nahmen sie erschöpft im *Café Kranzler* auf der Terrasse Platz. Bei Kaffee und Torte beobachteten sie das Gewimmel auf dem Kurfürstendamm. Die unterschiedlichsten Typen flanierten vorbei. Es war eine Mischung aus Eleganz und alternativer Lebensweise, die sich äußerlich bemerkbar machte. Plötzlich zitierte Lore den Satz vom Alten Fritz, den er 1740 prägte: „Jeder soll nach seiner Facon selig werden, so wie er möchte!" Diese Toleranz hatte Thomas seiner Mutter gar nicht zugetraut und amüsierte sich köstlich.

Betrübt dachte er an die morgige Rückfahrt und an all die Spießer, denen er zu Hause wieder begegnen würde.

In der kurzen Zeit nahm er so viele Eindrücke in Berlin wahr, dass für ihn feststand: Da will ich hin!

Der Entschluss

Schon länger bestand bei Thomas der Wunsch, seiner katholischen Geburtsstadt und den frömmelnden Bewohnern den Rücken zu kehren. Den 20. Geburtstag hatte er in zwei Monaten vor sich, da hatte die Bundesregierung offiziell beschlossen, die Volljährigkeit auf 18 Jahre herabzusetzen.

Jetzt ist der richtige Zeitpunkt gekommen. Ich bin volljährig!, freute er sich, das erleichtert meinen Entschluss, eigenständig ein neues Leben anzufangen und aus dem konservativen Elternhaus auszuziehen.

Allein schon der Gedanke daran beflügelte ihn. Möglichst weit weg, rechnete er sich aus, um dem despotischen Vater aus dem Weg zu gehen, und ihn nicht mehr ertragen zu müssen, der immer noch die Homosexualität seines Sohnes als Belastung für die Familie empfand.

Thomas träumte von der Anonymität der Großstadt. Jetzt gab es nur eine Stadt, die infrage kam: Berlin.

Der Abschied

Zwischen Hans Marholt und Thomas bestand immer noch ab und zu eine sexuelle Beziehung, die sie verheimlichen konnten. Weiterhin war das Hinterzimmer im Juwelierladen ihr Refugium. Sobald der Ehemann sich von Ehefrau und Kind freimachen konnte, unternahmen die beiden Autotouren in der Umgebung.

Heute wollte der Juwelier in der Großstadt Thomas etwas Besonderes zeigen.

„Das neueste aus Amerika! Du wirst staunen!"

Mehr verriet er nicht. Thomas platzte schon vor Neugierde.

Das Auto wurde gegenüber der Gay-Bar „Knecht" geparkt.

Als Stammgast wurden Marholt und sein Begleiter freundlich vom

Türsteher begrüßt, der sofort die Tür hinter ihnen wieder zusperrte.

Zum ersten Mal betrat Thomas eine einschlägige Gay-Bar.

Dort befand sich im Keller ein Darkroom, in dem sich mehrere Paare zum Sex aufhielten.

Thomas wollte seinen Augen nicht trauen, was er dort beobachtete.

Hier boten unverhohlen junge Stricher ihre Liebesdienste an. Schnell wurden sie mit den Freiern einig und ließen sich zu einem Getränk einladen. Anschließend gingen sie in den Keller oder in eine Ecke hinter der Bar, oder verschwanden für wenige Minuten auf die Toilette für den flüchtigen, anonymen Sex. Alles geschah unter den Augen der Gäste, die sich an den Handlungen amüsierten.

In unserer katholischen Stadt wären solche Etablissements nicht möglich, dachte der unbedarfte Thomas.

Es war Neuland für ihn. Er wusste nicht, ob ihm das Rudelficken gefallen soll, was hier in aller Öffentlichkeit geschah. Nein, so einer wie *die* war er nicht. Schließlich hatte er seinen Liebhaber, dem er treu zur Seite stand.

Aber Hans Marholt ergötzte sich schon beim bloßen Hinschauen.

Angewidert verließ Thomas die Bar. Draußen vor der Tür wartete er auf den eleganten Juwelier.

Als der nach einer gewissen Zeit herauskam, fuhren sie in ihre angestammte Stadt zurück. Während der Autofahrt konnte Thomas sich die Bemerkung nicht verkneifen:

„Ich wusste nicht, dass du so voyeuristisch bist. Und das gefällt dir? Das ist ja widerlich!“

„Ach, das ist doch lustig und macht Spaß zuzuschauen. Du bist so ein richtiger Spießer, wie dein Vater!“

„Das bin ich nicht!“

Wenn der wüsste, was ich demnächst beabsichtige und wo ich hingehen will, der würde staunen, dachte Thomas triumphierend. Seine Gedanken kreisten schon um den baldigen Aufbruch nach Berlin. Noch verschwieg er ihm sein Vorhaben.

Der Aufbruch

Ohne Ankündigung packte Thomas innerhalb weniger Tage nach der Berlin-Reise seine persönlichen Sachen in einen Koffer und einer Reisetasche zusammen. Neben seinen vielen Klamotten und Schuhen nahm er nur wenige seiner Lieblingsschallplatten mit. Den Rest der Sammlung schenkte er seinen jüngeren Brüdern.

Die Gründe für seinen Weggang nach Berlin besprach er nur mit seiner Mutter.

„Und wo wirst du wohnen?"

„Kann vorläufig bei Bernd unterkommen. Suche mir dann in aller Ruhe eine Wohnung."

Das beruhigte Lore.

Als Thomas im Wohnzimmer stand und sich umschaute, wurde ihm nochmals klar, dass er die richtige Entscheidung getroffen hatte.

„Ich muss raus aus diesem Haus, aus dieser Stadt. Hier ist mir alles zu eng, zu katholisch. Ich ertrage auch diese ständigen Vorwürfe und Sticheleien von Vater nicht mehr. Sein autoritäres Verhalten mir und dir gegenüber geht mir mächtig auf die Nerven. Ich will meinen eigenen Weg gehen und mir in Berlin was Neues aufbauen."

Was, wusste er zu diesem Zeitpunkt noch nicht.

Dass jetzt ihr Lieblingssohn ausziehen würde, stimmte Lore zunächst traurig, verstand aber sehr gut, dass er den ständigen Nörgeleien ihres Mannes aus dem Wege gehen wollte.

„Wenn du Hilfe brauchst, kannst du mich jederzeit anrufen. Ich bin immer für dich da!", beteuerte sie, öffnete ihre Geldkassette und übergab ihrem Sohn fünfhundert D-Mark Scheine.

„Hier, für deinen Neustart!"

„Danke! Kann ich gut gebrauchen!", und gab seiner Mutter einen dicken Kuss.

Als er sich von Fräulein Schneider verabschieden wollte, bei der die Tränen unaufhörlich über die Wangen flossen, riet sie ihm fürsorglich: „Nimm Bettzeug mit! Das wirst du brauchen! Du hast doch bestimmt noch Platz im Koffer!"

Thomas war ihr all die Jahre besonders ans Herz gewachsen. Sie mochte seinen Humor und die erfrischende Art, wenn er mit ihr scherzte.

Dann amüsierte sie sich immer köstlich. Es war ein trauriger Moment für Fräulein Schneider, als Thomas endgültig das Haus verließ.

Nur die Zwillinge waren froh, dass der ‚bunte Vogel' endlich aus dem Haus flog. Jetzt hatten sie ihre Eltern für sich allein.

Dem nichtsahnenden Wilhelm Kaiser, der sich auf einer Dienstreise befand, blieb der Abschied von seinem Sohn erspart. Thomas hatte bewusst diesen Tag gewählt, um ihm nicht „Adé" sagen zu müssen.

Bevor Thomas zum Bahnhof ging, schaute er kurz beim Juwelier vorbei, der überrascht und zu gleich bekümmert von der eiligen Abreise war. Schließlich verlor Hans Marholt einen seiner Liebhaber. Beim Abschied steckte er Thomas noch ein paar Geldscheine in die Jackentasche mit der Bemerkung: „Für deinen Aufbruch zu neuen Ufern. Du wirst das Geld sicher gut gebrauchen können!"

Seine letzten Worte: „Vergiss nicht, mir deine Adresse mitzuteilen. Ich komme dich besuchen!", hörte Thomas nicht mehr. Er war mit seinen Gedanken schon in der großen Stadt und musste sich beeilen rechtzeitig am Bahnhof zu sein.

In letzter Minute erreichte Thomas den Interzonenzug, der von der Bundesrepublik durch die DDR nach West-Berlin fuhr. Vom Fenster aus sah er die Spitze der St. Michaelskirche, die langsam in der Ferne verschwand.

Der nächste Halt war der Bahnhof Zoo in West-Berlin.

Zweites Kapitel

West-Berlin

Mit seinem alliierten Sonderstatus zog West-Berlin nicht nur junge Männer an, die dem Wehrdienst entflohen waren, sondern galt auch als wichtigste Metropole für Homosexuelle. Hier konnten sie relativ frei, nach Lust und Liebe leben.

Der Schöneberger Kiez rund um den Nollendorfplatz entwickelte sich nach 1969 zu einer regen Schwulenszene. In den umliegenden Straßen entstanden einschlägige Kneipen, Bars und spezielle Saunen, die ausschließlich männlichen Gästen vorbehalten waren.

Junge Männer, die der Enge der Provinz ausbrachen, fanden hier eine neue Heimat.

Angekommen

Thomas stand auf dem Bahnsteig am Bahnhof Zoo und schnupperte tief die Berliner Luft ein.

Es war der heiße Sommer 1975, als er jetzt auf dem Platz vor dem Bahnhof stand und nach der Busverbindung suchte, die ihm Bernd mitgeteilt hatte.

Bei dem Freund aus seiner Heimatstadt konnte er im Wohnzimmer vorübergehend auf dem durchgelegenen Sofa schlafen. Zwar unbequem, aber er hatte zunächst eine Bleibe.

Erst jetzt fühlte Thomas sich erwachsen und wollte mit seinen 20 Jahren ein neues Leben starten. In Berlin, der Stadt, die ihm wie ein Eldorado der tausend Möglichkeiten vorschwebte, mit den vielen Kinos, den Cafés, den großen Geschäften und den unzähligen Bars und Kneipen, die keine Sperrstunde kannten, mit einer offenen Gesellschaft, ohne Tabus. So sah für ihn die Freiheit aus.

Der langjährige Freund

Nach Beendigung seiner Ausbildung als Bankkaufmann zog Bernd Kalweit umgehend nach Berlin. Davon hatte er die ganze Zeit bei seinen Freunden geschwärmt. Keine Minute hielt er es mehr in der katholischen Stadt aus.

Bernd war zwei Jahre älter als Thomas und gehörte zum engsten Freundeskreis der beiden Kaiser Brüder. Zu dritt probierten sie untereinander ihre sexuellen Erfahrungen aus. Für einige Zeit blieb er der Liebhaber von Andreas. Als dieser die Beziehung beendete, litt Bernd stark unter der Trennung. Es war schließlich seine erste Liebe.

„Dein Bruder ist so gemein. Von heut auf morgen hat er mich wegen eines anderen verlassen", erzählte er damals schluchzend Thomas. „Ich sei eine Tunte und das könnte er nicht mehr ertragen. All die Jahre hatte ich ihm die Treue gehalten und plötzlich war ich ihm nicht mehr gut genug."

„Das ist typisch mein Bruder! Der ist ein Egoist! Ohne Rücksicht wechselt er die Liebhaber, wie seine Hemden! Nach außen spielt er den Zurückhaltenden. ‚Bloß nicht auffallen'. Aber in Wirklichkeit ist er heuchlerisch und knallhart. Genauso wie unser Vater!", tröstete er den heulenden, sensiblen Freund.

„Ich muss gestehen, so kannte ich Andreas nicht!", antwortete Bernd naiv.

„Seit seinem Umzug nach Wiesbaden besteht von meiner Seite kaum Kontakt und Interesse zu ihm. Ich weiß nicht, was genau hinter der Zweckheirat mit Christine steckt. Dieses falsche Spiel habe ich noch nicht durchschaut. Aber eigentlich ist es mir egal. Wir sind eben doch verschieden!", stellte Thomas mal wieder fest.

Seit fast einem Jahr arbeitete Bernd bei einer Filiale der *Berliner Sparkasse*. Immer seriös, mit Schlips, hellem Hemd und dunklem Sakko stand er fünf Tage in der Woche hinter dem Bankschalter, nahm Geld ein und zahlte Geld aus.

Je näher das Wochenende kam, desto mehr fieberte er ihm entgegen. Denn dann verwandelte sich der junge Bankkaufmann in eine Diva.

Geschickt schlüpfte er in ein langes, weißes Glitzerkleid mit einem seitlichen Schlitz, stopfte aus Schaumgummi geformte Brüste in einen Büstenhalter, zog feine Nylonstrümpfe über seine glatt rasierten Beine, drapierte die Federboa um den Hals und setzte entweder eine schwarze oder blonde Perücke mit den üppigen Locken auf. Mit viel Make-up und Puder überdeckte er seine Barthaare, klebte lange Wimpern an, akzentuierte seine Augenlider mit Blau oder Grün und betonte seine Lippen mit einem dick aufgetragenen roten Lippenstift.

Voilà, jetzt war er ‚Madame Germaine'.

In dieser Verkleidung stand er freitags und samstags im Cabaret *Chez Nous* auf der Bühne.

Das älteste Travestietheater Deutschlands wurde 1958 in der Marburger Straße 14 in Charlottenburg gegründet. Schnell sprach sich unter den Stars wie Minouche, Capucine, Jacqueline-Charlotte Dufrenoy aus den Pariser Nachtclubs *Le Carrousel* und *Chez Madame Arthur* das Berliner Cabaret als heißer Tipp herum, da es eine Plattform für internationale Künstler aus der Travestieszene bot. Unter anderem trat 1962 die noch unbekannte Amanda Lear mit großem Erfolg in einer Striptease-Show auf. Als ihr Gastspiel verlängert wurde, gab sie sich den Künstlernamen Peki de Oslo.

Ihre spätere Karriere, als Muse des Malers Salvator Dali, als erfolgreiche Sängerin und der Frage: Mann oder Frau, füllten die Seiten der ‚Regenbogenpresse'.

Als Disco-Queen, mit ihrer rauchigen Stimme, gelang ihr der Durchbruch zum internationalen Erfolg, mit den Songs: „Queen of China Town" und „Follow me".

Von so einer internationalen Karriere war Bernd Kalweit noch weit entfernt. Zunächst musste er sich auf die wenigen Auftritte im *Chez Nous* als Madame Germaine beschränken.

Er war der jüngste von fünf Künstlern, die unterschiedliche Interpretinnen verkörperten. Ihre Rollen wurden im Schaukasten vor dem Club angekündigt.

Wie bei den letzten Konzertauftritten seines Vorbildes Marlene Dietrich, trug Bernd bei seinen Darbietungen ein langes, weißes Kleid und eine blonde Perücke. Voilà, und schon sah er aus, wie Marlene.

Behutsam bewegte er synchron die Lippen zu ihrem Lied:

„Ich weiß nicht, zu wem ich gehöre, ich bin doch zu schade für einen allein. ...Ich weiß nicht, zu wem ich gehöre, ich glaube, ich gehöre nur mir allein."

Die Originallieder wurden allesamt vom Band abgespielt.

Zur späten Stunde stand Madame Germaine wieder auf der Bühne mit dem Chanson:

„Non! Rien de rien. Non. Je ne regrette rien.

Ni le bien, qu`on m`a fait. Ni le mal tout ca m'est bien egal ..."

(Übersetzung: „Nein. Nichts, aber auch gar nichts. Nein, ich bereue nichts. Nicht das Gute, das man mir tat. Nicht das Schlechte, das alles ist mir ganz egal.")

Mit seinem Körpermaß von 1 Meter 80 und schwarzer Perücke verkörperte er mit diesem Lied die französische Sängerin Edith Piaf. Allerdings ähnelte er nicht im Geringsten der zierlichen, bescheidenen, großartigen Chansoniere, die nur 1 Meter 50 groß war. Aber in seiner dramatischen Mimik und Gestik erntete er beim Publikum enthusiastischen Applaus.

Bernd suchte sich bewusst diese Titel aus, die genau seinem neuen Lebensstil entsprachen. Auch er hatte mit der Spießigkeit seiner Heimatstadt und seinem Elternhaus abgeschlossen. Und bereute es nicht!

Als Thomas das erste Mal den Freund in diesen Maskeraden zu Hause antraf, erinnerte er sich und stellte spöttisch fest: „Früher hattest du nur die einfachen Kleider deiner Schwester angezogen. Du hast dich echt gesteigert."

Mit einer eleganten Kopfbewegung nach hinten antwortete Bernd lakonisch: „Man wird eben älter! Jetzt bin ich eine Dame, eine Diva, eine Künstlerin!"

Der erste Job

Das *Chez Nous* war am Wochenende immer brechend voll. Zur Verstärkung wurde ein Aushilfskellner gesucht. Bernd erfuhr davon und dachte sofort an Thomas, der noch keine Anstalten bei der Arbeitssuche machte.

„Ich stelle dich meinem Chef vor. Wir brauchen dringend im Service noch eine Kraft. Traust du dir das zu? Du hast doch mal im Hotel gearbeitet und kannst doch sicher kellnern. Und wenn du freundlich zu den

Gästen bist, ist dir gutes Trinkgeld sicher! "

Wäre nicht schlecht, überdachte Thomas den Vorschlag, in den letzten drei Wochen habe ich schon reichlich Geld für Kino, Kneipenbesuche und eine teure Opernkarte ausgegeben. Wenn das so weitergeht, bin ich bald blank. Geld zu verdienen, ist keine schlechte Idee.

Gut gelaunt und entschlossen antwortete er:

„Okay. Ich kann es versuchen. Ich sage zu!"

Darüber freute sich Bernd, der gleichzeitig aber mahnte: „Du musst unbedingt deinen spießigen Vornamen ändern. Wie wär's mit Tom oder Tommy? Klingt besser in unserem Geschäft."

Thomas pflichtete ihm bei.

„Für einen Neuanfang, einen neuen Namen. Tom klingt richtig gut. Ab heute heiße ich Tom, wie der Sänger Tom Jones."

„Wenn du auch so singen könntest wie er, wäre es perfekt", amüsierte sich Bernd Kalweit.

Bevor das *Chez Nous* die Türen für das Publikum öffnete, stellte sich Tom Kaiser zwei Tage später mit seinem neuen Vornamen als Aushilfskellner vor.

Der Besitzer, der als Monsieur Jacques angeredet werden wollte, bürgerlich aber Jacob Sonnenfeld hieß, war von ihm angetan.

„Wenn du so gut arbeitest, wie du aussiehst, hast du den Job. Du kannst gleich nächstes Wochenende anfangen!", näselte Monsieur Jacques mit einem unnatürlichen französischen Akzent. „Aber unter einer Bedingung, vorher gehst du zum Friseur und lässt dir die Haare abschneiden. Ich lege Wert auf gepflegtes Aussehen meiner Mitarbeiter. Wir sind schließlich ein weltweit bekanntes Etablissement."

Das mit seinen Haaren hatte Tom früher schon mal gehört ...

Mit einem neuen Haarschnitt und gebügeltem Hemd legte Tom die lange weiße Schürze an, die alle Kellner im *Chez Nous* tragen mussten. Monsieur Jacques begutachtete ihn, gab ihm einen Klaps auf den Po und war mit dem jetzigen Aussehen seines neuen Aushilfskellners sehr zufrieden.

„Unsere Gäste bestellen hauptsächlich Champagner. Wenn du nicht weißt, wie eine Flasche Champagner ohne Fontaine geöffnet wird, lass es dir vom Oberkellner zeigen!", riet ihm Monsieur Jacques.

Der Oberkellner, der sich Monsieur Albert nennen ließ und seit Beginn im *Chez Nous* arbeitete, nahm sich Tom an.

Anschaulich erklärte er das Öffnen einer Flasche und die Handhabe beim Einfüllen in die Gläser: „So wird Champagner serviert. Den Daumen in die Vertiefung der Unterseite der Flasche stecken, mit dem Tuch die restlichen Finger um die Flasche herum halten, sodass das Etikett für den Gast sichtbar ist, vorsichtig die Gläser nur halb füllen, den restlichen Inhalt der Flasche in den Kühler stellen, aufmerksam beobachten, wenn die Gläser nur noch ein Viertel voll sind, nachgießen. Das steigert den Umsatz und das Trinkgeld! Kapiert?"

Tom nickte. „Oui, Monsieur Albert!"

Ihm gefiel die lockere Art in dem Etablissement. Er erinnerte sich mit Abscheu an seine kurze zweijährige Ausbildungszeit im Hotel *Central*, wo die ‚Befehle' wesentlich strenger gegeben wurden. Anschließend erteilte Monsieur Albert dem Personal noch ein paar besondere Anweisungen, die zu beachten seien: „Oberstes Gebot, Verschwiegenheit über die anwesenden Besucher. Nichts darf nach draußen dringen. Und bitte, freundlich und höflich gegenüber den Gästen sein!"

Dann erhielt jeder Mitarbeiter von ihm einen Klaps auf den Po. Das gehörte zum allabendlichen Ritual dazu.

Jetzt standen die Kellner in den Startlöchern und warteten auf die Gäste, die alsbald ihre reservierten Plätze einnehmen würden.

Punkt 21 Uhr wurde die Tür des *Chez Nous* geöffnet und die ersten Besucher strömten herein.

Zum Eingewöhnen wurde Tom zunächst ein überschaubares Revier mit fünf Tischen für jeweils zwei Personen zugewiesen.

Sein Herz klopfte, als er am Tisch mit der Nummer 14 seine erste Bestellung aufnahm.

Ein graumelierter älterer Herr, in Begleitung einer wesentlich jüngeren, blonden Frau mit tiefem Dekolleté, wünschte Champagner ‚Veuve Clicquot, Brut'.

Das ist doch schon mal ein guter Anfang, dachte Tom und dankte für die Bestellung mit einem: „Sehr wohl der Herr. Kommt sofort!" Geschickt achtete er beim Servieren genau auf das, was ihm zuvor beigebracht wurde.

An Tisch 12 setzte sich ein älteres, beleibtes Ehepaar auf seinen reservierten Platz, das schon beim Reinkommen vom Oberkellner überschwänglich begrüßt wurde, da sie zu den Stammgästen des *Chez Nous* gehörten.

„Das ist der größte Brotfabrikant der Stadt. Klaus Petzel mit Gattin. Er hat sehr gute Beziehungen zum hiesigen Wirtschaftssenator. Wir müssen uns gut mit ihm stellen. Mindestens einmal im Monat besucht er mit seiner Gemahlin unsere Show. Bestellen immer nur den gleichen halbtrockenen Weißwein und zwei Flaschen ‚Apollinaris' dazu. Haben Geld wie Heu, aber sind geizig ohne Ende!", bemerkte der Oberkellner diskret zu Tom, der sich anschickte, an den Tisch zu gehen.

„Was wünschen die Herrschaften?"

Ohne in die Getränkekarte zu schauen, schnipste Herr Petzel mit den Fingern: „Wie immer! Wir nehmen den halbtrockenen Weißwein von der Mosel, mit zwei Apollinaris, eisgekühlt

Die Fabrikantengattin fragte Tom neugierig: „Sind Sie neu hier? Wir haben Sie hier noch nie gesehen."

„Ja, heute ist mein erster Tag".

„Wir kommen schon seit zehn Jahren hierher, haben immer den gleichen Tisch und kennen jeden Kellner. Nicht wahr, Klaus?"

Im Befehlston forderte Klaus Petzel: „Na, dann mal los. Dalli, Dalli, junger Mann. Nehmen Sie Ihre Beine in die Hand. Wir haben großen Durst!"

„Der Durst kann sofort gelöscht werden", erwiderte Tom schnippisch und dachte nicht daran, sich zu beeilen. Am liebsten hätte er den unangenehmen Gast nicht bedient.

Am Nachbartisch hörte unwillkürlich ein einzelner Herr den unverschämten Ton mit, wollte sich aber nicht in das Gespräch einmischen. Als Tom ihn nach seinem Getränkewunsch fragte, sagte er ihm leise ins Ohr:

„Es gibt eben ungehobelte Menschen in dieser Stadt, die kein Benehmen haben. Lassen Sie sich nicht verunsichern."

Nach einem kurzen Blick in die Getränkekarte bestellte er einen ‚Dry Martini-on-the-rocks'.

Ein berauschender Duft wehte Tom in die Nase, als er das Getränk auf den Tisch stellte.

Unverblümt fragte er den Gast: „Darf ich fragen, welches Parfüm Sie benutzen?"

„Das ist von *Hermès* und heißt ‚Terre d'hermes Eau de Parfum', erklärte er ihm. „Ich habe auch das passende After Shave dazu. Mögen Sie den Duft?"

„Ja sehr! Der Duft ist außergewöhnlich! Den Namen muss ich mir aufschreiben."

„Ist nicht billig! Aber wenn ich nächste Woche wiederkomme, bringe ich Ihnen eine Kostprobe mit! Ich vertrete die Firma *Hermès* in Deutschland. Übrigens, mein Name ist Heinz – Günther Heinz!" Dabei legte er dezent seine Visitenkarte auf den Tisch.

„Sehr angenehm, Tom Kaiser!"

Ungeduldig saßen zwei Damen, mittleren Alters, am Tisch Nummer 11. In breitem rheinischem Dialekt rief eine der beiden laut nach dem Kellner:

„Wir wollten nicht auf dem Trockenen sitzen. Junger Mann, was können Sie uns empfehlen?"

Jetzt war Tom überfordert. Was sollte er den aufgedonnerten, munteren Frauen empfehlen?

„Mögen Sie was Süßes oder lieber Herbes? Oder vielleicht Champagner?"

„Ja, Champagner!", jubelten beide gleichzeitig „Bringen Sie uns eine Flasche. Den besten, den Sie haben!"

Dann verriet die eine: „Wir sind eine Woche in Berlin und wollen richtig einen draufmachen. Unsere Männer haben wir zu Hause gelassen. Wir kommen nämlich aus Leverkusen. Und weil wir schon so viel vom *Chez Nous* gehört haben, wollten wir uns doch mal die schicken Männer in Frauenkleidern ansehen. Bei uns gibt es so was nicht".

„Da sind Sie hier genau richtig! Gleich beginnt die Show. Lassen Sie sich überraschen!"

Fast hätte Tom vergessen, an Tisch 14 die Gläser aufzufüllen. Und prompt bestellte der graumelierte Herr generös noch eine Flasche ‚Veuve Clicquot Brut'.

Tisch Nummer 13 blieb vorerst unbesetzt. Erst spät in der Nacht nahmen zwei reichlich betrunkene Männer an dem Tisch Platz.

Dann begann die Show. Das Publikum jubelte. Auch der Brotfabrikant konnte sich vor Lachen nicht mehr einkriegen und klopfte sich dabei auf die Schenkel.

Noch nie zuvor hatte Tom so perfekt geschminkte Männer in ihren opulenten Perücken und fantasievollen, glitzernden Frauenroben in natura gesehen. Bewegt verfolgte er die Auftritte von Bernd auf der kleinen Bühne. Zunächst als Marlene Dietrich und später als Edith Piaf.

Voller Begeisterung machte er ihm anschließend das Kompliment: „Hätte ich dir Provinzheini gar nicht zugetraut. Du bist richtig gut! Wer hat dir das beigebracht?"

„Ich mir selbst! Das habe ich mir hart vor dem Spiegel antrainiert!", antwortete Bernd und warf mit einer stolzen Geste den Kopf nach hinten.

Feuchtfröhlich verließen die letzten Gäste gegen 5 Uhr früh das *Chez Nous.* Jetzt spürte Tom die aufkommende Müdigkeit und seine schmerzenden Füße. Hellwach wurde er nach der Abrechnung seines Umsatzes, wie üppig sein Trinkgeld ausfiel.

„Wir gehen noch in unseren Kostümen in die Bar *Vagabund* und nehmen einen Drink. Dort amüsieren sich die ‚Freunde der Nacht'. Komm, wir feiern deinen ersten Arbeitstag in Berlin!", schlug Bernd vor.

Nur mit Gesichtskontrolle konnte man das Etablissement *Vagabund* in der Knesebeckstraße betreten.

Der Türsteher begrüßte Bernd überschwänglich: „Hallo, Madame Germaine. Heute mit unbekannter Begleitung?"

„Das ist Tom, unser neuer Aushilfskellner! Wohnt bei mir!" Bernd wollte keine weiteren Erklärungen abgeben.

„Kommt rein, ihr Hübschen!"

Umgeben von Zigarettenqualm standen illustre Gäste dicht gedrängt um die Bar. Die Luft war zum Schneiden, als Romy Haag mit ihrer Entourage hereinschwebte. Begeistert nahmen die Anwesenden sie wahr. Von einigen wurde sie mit Küsschen rechts und links begrüßt. Tom erkannte sie sofort aus diversen Fernsehauftritten. Er bewunderte ihr Aussehen und ihre Offenheit, wie sie mit ihrer Umwandlung zur Frau umging. Plötzlich wandte sich Romy Haag zu Tom und raunte mit tiefer Stimme:

„Na, Kleiner! Wohl neu in der Stadt? Bist wohl das erste Mal hier im *Vagabund*?"

„Ja, bin ich!", antwortete er verdutzt.

„Besuche uns mal im Club! Wir haben ein neues Programm!"

Sie überreichte ihm eine Visitenkarte.

Chez Romy Haag – Nachtclub
Fuggerstraße 33
1000 Berlin

Tom wusste nicht, wie ihm geschah. Die berühmte Romy Haag sprach ausgerechnet ihn an! Und er versprach zu kommen.

Um 8 Uhr überfiel ihn endgültig die Müdigkeit. Draußen schien bereits die Sonne. Mit dem herbeigerufenen Taxi fuhren Madame Germaine und er nach Hause. Während der Fahrt war Bernd bereits eingeschlafen.

Unterwegs entdeckte Tom auf einem großen Plakat den beleibten, rotwangigen Klaus Petzel mit einem Brot in der Hand. Darunter stand:

Petzel Brot macht Wangen rot

„Oh je, hoffentlich träume ich nicht von diesem Geizkragen", befürchtete Tom todmüde. Noch vor dem Schlafengehen sann er darüber nach, was ihn als Berlin Neuling identifizierte. Vielleicht mein Dialekt? Dann schlief er ein.

Geträumt hatte er nicht von Klaus Petzel, sondern von Romy Haag. Die schwebte als Göttin über ihm.

Der Duft

Der Vertreter von *Hermès,* Günther Heinz, hielt Wort. Bei seinem nächsten Besuch im *Chez Nous* brachte er die versprochene Probe von ‚Terre d'hermes Eau de Parfum' mit. Wieder berauschte sich Tom an dem außergewöhnlichen Duft. Er war von der Einhaltung des Versprechens äußerst angetan und bedankte sich höflich.

„Ich habe zu Hause noch andere Produkte von *Hermès*. Da kannst du deinen Geruchssinn einsetzen. Ich mache dir einen guten Preis", versicherte Günther. „Wenn du Zeit hast, komm mich mal besuchen! Ich koche uns ein leckeres Abendessen. Meine Adresse hast du ja."

Tom war nicht abgeneigt und besuchte einige Tage später Günther Heinz in dessen Penthaus-Wohnung.

„Von hieraus hast du einen wunderschönen Blick über Berlin." Tom erkannte von der Ferne den Funkturm und das Europa Center.

Beim Rundgang durch die Wohnung fiel ihm sofort die geschmackvolle Einrichtung auf, die Altes und Neues vermischte. Neugierig wollte er wissen, woher die Möbel stammen.

„An dem antiken Schreibtisch saß einst mein Großvater. Der Esstisch mit den Stühlen und die Anrichte haben mir meine Eltern vererbt. Die restlichen Möbelstücke habe ich gekauft. Freut mich, dass sie dir gefallen."

Günther präsentierte eine Auswahl von *Hermès* Produkten, an denen Tom überall roch. Wieder war er berauscht von ‚Terre d'hermes Eau de Parfum'. Als er den Preis sah, staunte er.

„Die möchte ich gerne kaufen!", dabei kramte er in seiner Tasche nach Geld.

„Lass mal dein Geld stecken, ich schenke sie dir!"

„Das ist aber sehr großzügig, danke!"

Während sein Gastgeber das Essen zubereitete, dachte Tom, ob Günther eine Absicht mit meinem Besuch verknüpft? Ich finde ihn sympathisch, mehr aber nicht. Vorsichtig fragte Tom, ob er allein hier wohnt.

„Ich lebe aus beruflichen Gründen seit zwei Jahren hier in Berlin und bin viel auf Reisen. Bei Düsseldorf besitze ich ein großes Haus. Dort wohnt Ida, meine Ehefrau mit den beiden Kindern. Sie wollte nicht mit nach Berlin ziehen. Ich sehe meine Familie eins bis zweimal im Monat."

Irgendwie beruhigte es Tom. Günther machte auf ihn auch nicht den Eindruck, als dass er bisexuell wäre. Gleichzeitig fiel ihm seine Beziehung mit Hans Marholt ein, der war schließlich auch verheiratet, aber von einem anderen Kaliber.

Allmählich war das Essen fertig. Als Vorspeise wurde ein gemischter Salat serviert. Dazu gab es einen herben Weißwein. Die Hauptspeise bestand aus Kartoffeln und Forelle blau. Schon beim Geruch der Forelle hätte sich Tom am liebsten die Nase zugehalten. Er hasste Fisch. Um den Koch nicht zu beleidigen, aß er nur widerwillig ein wenig.

Die Zunge von Günther Heinz wurde durch Alkohol im Laufe des Abends immer lockerer. Er erzählte von seinen Reisen und den vielen Liebesabenteuern mit diversen Frauen. Wie und wo sie es getrieben hatten.

Tom begann sich beim Zuhören zu langweilen.

Plötzlich fiel Günther ein:

„In einer Viertelstunde kommt Karla, eine Prostituierte, die ich extra für uns bestellt habe. Sie ist spezialisiert auf flotten ‚Dreier'. Die fickt sensationell ausdauernd und richtig gut. Sie macht alles, was du willst. Du hast doch nichts dagegen? Das könnte dir auch gefallen!"

Tom errötete.

„Oh, nein. Ich habe es nicht mit Frauen. Ich gehe jetzt und lass dich allein mit deiner Karla."

Torkelnd brachte Günther Heinz seinen Gast an die Tür.

„Du musst noch viel lernen in Berlin. Leg deine Spießigkeit ab!", rief er hinterher.

Auf der Straße begegnete Tom einer auffällig bekleideten Frau, die eine vollgestopfte Tasche bei sich trug.

Das muss Karla sein. Ich kann nur erahnen, was sie für Handwerkszeug bei sich trägt, dachte er. So einen beschissenen Abend, will ich nicht noch einmal erleben.

Wütend machte sich auf den Heimweg und sprühte sich mit dem neuen Parfüm von oben bis unten ein.

Die erste Wohnung

Endlich runter vom unbequemen Sofa bei Bernd.

Ohne Mühe fand Tom schnell ein 1-Zimmer-Appartement mit Balkon. Die Lage, der Mietpreis von 240 D-Mark und die Größe waren perfekt für einen Junggesellen. Nur die damals übliche Abstandszahlung an den Vormieter, der 400 D-Mark verlangte, wollte er nicht akzeptieren.

„Für diesen versifften Teppichboden, die beiden wackeligen Stühle, den kleinen Schrank und die durchgelegene Schlafcouch ist der Preis zu hoch. Ich zahle sofort und in bar, wenn Sie runtergehen!"

Nach geschickter Verhandlung konnte Tom die Abstandszahlung um 40 D-Mark runterdrücken.

Die Stühle landeten als Sperrmüll auf der Straße, die gleich wieder einen neuen Besitzer fanden.

Freudestrahlend erzählte er am Telefon seiner Mutter, dass er ein

Appartement gefunden hatte und bald einziehen könnte.

„Die Wohnung liegt nicht weit vom Kurfürstendamm entfernt. Ich brauche aber dringend Möbel und Geschirr. Der Vormieter hat mir nur Schrott hinterlassen. Das nennen sie hier ‚Abstand'! Ich habe dafür 360 D-Mark bezahlt. Sonst hätte ich die Wohnung nicht mieten können."

„Unverschämtheit!", bemerkte Lore empört.

„Ich komme nächste Woche und helfe dir bei der Einrichtung. Schreibe auf, was du alles brauchst. Ich bringe mein Scheckbuch mit!", rief Lore begeistert ins Telefon. Allein der Gedanke, mal wieder nach Berlin zu reisen, beflügelte sie. Nach einer Ausrede für die Reise suchte sie noch. Ihr Ehemann sollte von dem bevorstehenden Besuch zu ihrem Sprössling nichts erfahren. Für ihn war das Thema „Thomas" erledigt. Er grollte noch immer, dass sein Sohn sang- und klanglos aus dem Haus verschwunden war.

Von dem großen Möbelhaus, das über mehrere Etagen verfügte und die Kunden mit seinem Markenzeichen des Hauses empfing:

Ich soll sie schön grüßen - von Möbel Hübner war Lore begeistert. So eine Begrüßung kannte sie aus ihrer Stadt nicht.

Die Möbelstücke, die sie gemeinsam aussuchten, trafen genau den Geschmack ihres Sohnes.

Lore hatte Freude daran, ihm endlich angemessene Geschenke zu machen und betonte wohlgelaunt:

„Du sollst dich in deiner ersten Wohnung wohlfühlen. Einen neuen Teppich, Geschirr und Vorhänge brauchst du auch noch. Das kaufen wir alles im *KaDeWe*. Dort ist die Auswahl groß!

Nebenbei bemerkte Tom: „Übrigens, seit ich in Berlin bin, habe ich meinen Namen Thomas abgelegt. Alle nennen mich hier Tom!"

„Verstehe ich nicht. Was ist an Thomas so schlimm?", rätselte Lore.

„Tom gefällt mir besser. Thomas klingt so spießig und erinnert mich an die Zwänge von zu Hause. Ich führe hier ein anderes Leben. Das alte liegt weit zurück. Verstehst du?"

Irritiert antwortete Lore: „Deswegen musst du doch nicht den Namen ändern? Ich werde ihn beibehalten. Wir haben dich nach dem Heiligen Thomas getauft."

„Schon mal was vom ‚ungläubigen Thomas, dem Zweifler', gehört?"

Damit war das Gespräch vorläufig beendet.

Die neue Bleibe sollte tipptopp werden. Der versiffte Teppichboden kam in die Mülltonne, die alte Schlafcouch und das kleine Schränkchen flogen raus auf die Straße.

Mit Hilfe eines Freundes von Bernd wurde das Appartement komplett renoviert. Eine Wand wurde dunkelbraun gestrichen, damit sie sich von der weißen Raufasertapete abhob. Und die schicke neue Einrichtung passte genau in die 35-Quadratmeter-Wohnung.

Jetzt hatte der 20-jährige Tom eine feste Adresse in Berlin, sogar mit eigenem Telefonanschluss.

Ernsthafte Arbeitssuche

Nach dem 6. Wochenende beendete Tom seine Zeit als Aushilfskellner im *Chez Nous*. Sowohl der Besitzer, Monsieur Jacques, als auch Monsieur Albert, der Oberkellner, bedauerten seinen Weggang. Beide beteuerten, dass er sich mit seiner freundlichen, witzigen Art in das Team gut integriert hätte.

„Aber Reisende sollte man nicht aufhalten! Du bist bei uns immer willkommen!“, näselte Monsieur Albert und gab ihm zum Abschied wieder einen Klaps auf den Po.

Um endlich von der 8-prozentigen ‚Berlinzulage‘ des Bruttogehaltes zu profitieren, die jeder Arbeitnehmer unversteuert erhielt, wollte sich Tom jetzt eine feste Stelle über das Arbeitsamt suchen.

Nach dem Mauerbau verließen viele West-Berliner die Stadt, deshalb waren Anwerbung und der Zuzug von westdeutschen Arbeitskräften notwendig. Wer zu dieser Zeit als Arbeitnehmer nach West-Berlin zog, wurde mit vielen Privilegien ausgestattet. So wurden die Umzugskosten erstattet und acht Heimflüge innerhalb von zwei Jahren vergütet. Von den geförderten Arbeitsplätzen des Berliner Senats gab es in jeder Branche genügend.

Im Arbeitsamt des Bezirkes Wilmersdorf steuerte Tom auf das Bürozimmer mit der Aufschrift: *Gastronomische Berufe* zu.

Hinter seinem Schreibtisch fragte der Beamte gelangweilt: „Wonach suchen Sie? Koch, Kellner, Barmann? Café, Restaurant, Hotel?"

„Ich suche eine Stelle als Kellner in einem Restaurant mit gutem Ruf! Bringe praktische Erfahrungen mit!"

„Welche Ausbildung haben Sie?"

Tom schilderte seinen halb fertigen beruflichen Werdegang im Hotel seiner Heimatstadt und erwähnte seine Aushilfsstelle im *Chez Nous.* „Kenne ich nicht! Wo soll das sein?"

Aus seinem Karteikasten *Offene Stellen Restaurants der Kategorie 1* zog der Beamte eine Karte.

„Die *Seeterrasse* am Tegeler See sucht dringend einen Kellner. Beliebtes Ausflugsziel bei den Berlinern. Berühmt für seine Fischspezialitäten."

Tom musste unwillkürlich wieder an einen unerträglichen Fischgestank denken.

„Ist mir zu viel Fisch und Tegel zu weit!"

„Wie wär's hiermit? Gerade erst eröffnet, das Café und Restaurant *Wintergarten* in der Fasanenstraße 23. Wollen nur junges Personal einstellen! Sie sind ja noch jung!"

„Oh, das würde mir gefallen!"

Nur vom Vorbeigehen kannte Tom die spätklassizistische Backsteinvilla in der Fasanenstraße, in dem jetzt ein neues Restaurant eröffnet wurde.

Der Beamte übergab ihm einen Zettel, auf dem die notwendigen Angaben standen, und setzte seine Unterschrift mit dem amtlichen Stempel darunter.

„Als westdeutscher Arbeitnehmer haben Sie Anspruch auf diverse finanzielle Unterstützungen des Berliner Senats."

Das entsprechende Merkblatt mit den Erläuterungen drückte er ihm in die Hand.

„Lesen Sie es sich in Ruhe durch!"

Erst zu Hause überflog Tom die Seiten.

Diese Großzügigkeiten vom Senat kommen für mich nicht infrage. Weder die Umzugskosten noch die Heimfahrten nutze ich. Auf keinen Fall werde ich in absehbarer Zeit diese verhasste Stadt aufsuchen, räumte Tom gedanklich ein und zerriss das Blatt.

Für den nächsten Nachmittag vereinbarte er telefonisch einen Vorstellungstermin.

Schon beim Betreten der imposanten Stadtvilla hoffte Tom inständig, hier eingestellt zu werden. Allein das Gebäude begeisterte ihn.

Im Inneren schweiften seine Blicke über den pompösen Gastraum, der im Retro-Stil aus der Gründerzeit hergerichtet war. In der Mitte eine kleine Tanzfläche, um die sich Nierentische mit Sesseln gruppierten. An der Fensterseite Tische, an denen Essen serviert wurde. Alle Sitzgelegenheiten waren mit buntem Blumenstoff bezogen, die dem Raum eine gewisse Gemütlichkeit verliehen.

Nach kurzer Zeit erschien ein junger Mann, der auf Tom sofort einen kompetenten Eindruck machte.

„Rolf Schallenberg. Ich bin hier der Geschäftsführer!"

„Tom Kaiser. Ich möchte gerne bei Ihnen arbeiten! Hier sind meine Unterlagen für Sie!"

„Hier duzen wir uns untereinander. Das Personal ist jung. Darauf lege ich Wert. Niemand hier ist über 31. Vom Alter passt du zu uns."

Der Geschäftsführer überflog den Lebenslauf des 20-Jährigen.

„Mittlere Reife, abgebrochene Hotellehre, Aushilfskellner im *Chez Nous*. Offensichtlich hast du praktische Erfahrung im Service sammeln können. Wie sind deine Sprachkenntnisse?"

„Englisch ganz gut, Französisch sehr wenig!"

Rolf Schallenberg erklärte sein Konzept, das neu für Berlin war.

„Wir sind ein Restaurant in Kombination mit einem Café. Und wenn den Gästen danach ist, können sie auch das Tanzbein schwingen. Wir haben die entsprechende Musik und legen die neuesten Schallplatten auf."

„Also, auch noch ein Tanzschuppen?", bemerkte Tom überschwänglich.

„Sagen wir mal so, das Tanzen ist Nebensache. Unser Schwerpunkt liegt mehr auf dem Verzehr von Speisen. Wir sind aber weit entfernt von der schlechten Berliner Küche. Wir bieten leichte Gerichte an, die sich teilweise an der französischen Küche orientieren."

„Das passt zum Ambiente! Man bekommt das Gefühl in einem französischen Salon um die Jahrhundertwende zu speisen!", stellte Tom sachkundig fest. Dass ihm diese Feststellung so schnell einfiel, wunderte ihn selbst.

„Ich merke, du hast den richtigen Instinkt. Du kannst morgen bei uns anfangen! Wir öffnen um 11 Uhr, das heißt, 10 Uhr spätestens da zu sein!"

Über die Probezeit, den Arbeitsbedingungen und die monatliche Bezahlung wurden sich beide schnell einig.

Jubelnd verließ Tom seine neue Arbeitsstätte und überlegte, was für ihn an Trinkgeld so abfallen könnte.

Später berichtete er in einem Telefonat mit seiner Mutter, dass er im schickstem Restaurant Berlins, dem *Wintergarten*, einen festen Arbeitsplatz gefunden hatte und glücklich sei, dort arbeiten zu können.

Lores Begeisterung von der Berufswahl ihres Sohnes hielt sich jedoch in Grenzen.

„Und ich dachte immer, du würdest eines Tages in der Modebranche landen. Du hattest dich doch schon während deiner Schulzeit für Mode interessiert! Und jetzt Gastronomie?"

„Das mit der Mode war damals! Gastronomie ist viel spannender! Die vielen unterschiedlichen Menschen, auf die man trifft. Und was wichtig ist, das Geld, das ich dabei verdiene!"

Was Geld betrifft, ist er in der Hinsicht wie sein Vater, stellte Lore nach dem Telefonat fest.

Der Neuanfang

Am ersten Tag strengte sich Tom mächtig an, um rechtzeitig an seinem neuen Arbeitsplatz zu sein. Pünktlichkeit war nicht unbedingt seine Stärke. Er schaffte es immerhin, 4 Minuten nach 10 das Lokal zu betreten.

Seine neuen Kollegen begrüßten ihn nur kurz. Alle waren über einer großen Berliner Boulevard- Zeitung gebeugt, in der ein Artikel über die Eröffnung des *Wintergartens* berichtet wurde.

Im ‚Wintergarten' amüsiert sich das ‚Junge Berlin' in nostalgischem Ambiente.

Die alte Stadtvilla, die sich im Besitz des Landes Berlin befindet, lag einige Jahre im Dornröschenschlaf und ist endlich wieder zu neuem Leben erweckt worden. Der Architekt Albrecht Becker erbaute das historische Backsteingebäude 1889 für das Ehepaar Hildebrandt.

Im Ersten Weltkrieg diente es als Reservelazarett, später beherbergte es ein Bordell. Der Neubeginn als Gourmettempel mit Tanzfläche ist dem jungen Pächter und Geschäftsführer, Rolf Schallenberg, erstklassig gelungen ...“

Zwei Fotos umrahmten den Artikel. Ein Bild zeigte die Inneneinrichtung mit Personal, auf dem anderen, das Konterfei eines stolzen Rolf Schallenberg.

Der Artikel zeigte seine Wirkung. Kurz danach strömten hungrige, durstige und feierlustige Gäste in den *Wintergarten.* Darunter mischten sich zahlreiche Prominente aus dem Showbusiness. Tom war von dem Publikum äußerst angetan und von dem großzügigen Trinkgeld dazu.

Das Geschäft lief bombig an.

Die anfänglichen Schwierigkeiten, die sich beim Servieren von Speisen herausstellten, überspielte Tom mit einem Scherz auf den Lippen. Den Gästen bereitete es Spaß, wenn er sie bediente, und sie kamen schnell wieder.

Auch ein gewisser Holger Mettner kam wieder. Ihm waren schon beim ersten Besuch die erfrischende, witzige Art und der betörende Blick von Tom aufgefallen.

Nachdem er das zweite Glas Wein bestellt hatte, verwickelte er den jungen Kellner in ein belangloses Gespräch.

„Ich bin jetzt das zweite Mal hier. Das Essen schmeckt und die Mischung hier in dem Laden gefällt mir sehr gut. Ich heiße übrigens Holger, mit Nachnamen Mettner!“

„Ich bin Tom! Tom Kaiser! Es freut mich, dass es dir bei uns gefällt! Unsere Gäste kommen immer wieder gerne zu uns!“

„Du scheinst noch nicht lange in Berlin zu sein? Woher kommst du?“

„Ich bin jetzt über sechs Monate hier!“

Verwundert dachte Tom, schon wieder werde ich als Berlin-Greenhorn erkannt! Die Frage nach seiner Heimatstadt wollte er aber nicht beantworten. Er warf Holger noch einen schmachtenden Blick zu, der aber nicht reagierte, und war drauf und dran zu sagen: „Hey, du gefällst mir!“ Unterdrückte jedoch die Anmache.

Kurz danach zahlte Holger und verließ schweigend das Lokal. Tom hoffte inständig, dass er wiederkommen möge.

Die *Rauschgold* Bar

Aus seiner niedersächsischen Kleinstadt zog Holger Mettner 1972 nach Berlin. Auch er musste seine Homosexualität in seiner bodenständigen Bäckerfamilie und vor den fünf Geschwistern unterdrücken. Allein deshalb entfloh er dem Kleinstadtmief, um seine Veranlagung in der Anonymität der Großstadt auszuleben.

Zunächst arbeitete er in einem Versicherungsunternehmen. Nach einer Weile erschien dem lebenslustigen 25-jährigen Holger die Arbeit im Büro zu trocken und er kündigte.

Im gleichen Haus seiner Wohnung in der Wilmersdorfer Pariser Straße 10, befand sich im Erdgeschoss eine heruntergekommene Bierkneipe, die der Wirt aus Altersgründen aufgeben musste. Darin witterte Holger eine Chance, sich selbstständig zu machen. Schnell reagierte er und mietete die Räumlichkeiten an. Ihm schwebte vor, aus der Kneipe eine Bar zu gestalten. Obwohl er keinerlei Erfahrung in der Gastronomie hatte, wagte er den Schritt.

Von seinem ersparten Geld und einem Bankkredit finanzierte er den Umbau. Mit handwerklichem Geschick baute er einen großen, schwarzen Tresen, der sich um eine Ecke schlängelte, davor die entsprechenden Sitzflächen. Unter der Decke zierte ein großer antiker Kronleuchter die Mitte des Raumes. Die Wände wurden goldfarben angemalt. Gleich am Eingang schaute von einem überdimensionalen schwarz-weiß Foto Marlene Dietrich mit ihrem lasziven Blick, dem keiner widerstehen konnte

Inspiration holte sich Holger aus der *Galerie Bremer* in der Fasanenstraße 24. Dort wurden in wechselnden Ausstellungen Werke von bekannten Künstlern gezeigt. Im hinteren Teil der Galerie befand sich eine Bar mit einem halbrunden Tresen, den einst der bekannte Architekt Hans Scharoun, entworfen hatte. Dahinter stand allabendlich der Barmann Rudi van der Lak aus der Karibik. Seinen illustren Gästen, meist aus der Medienbranche, mixte er nicht nur fantasievolle Cocktails, sondern schwadronierte auch mit ihnen über seinen verblüffend großen Kunstverstand. Das machte unter anderem den Erfolg der Galerie aus.

Dazu das exotische Aussehen und die Eleganz von Rudi van der Lak, das so manches Damenherz höherschlagen ließ. Und so passierte es gelegentlich, dass die letzte weibliche, einsame Seele am Tresen, den

Verführungskünsten des attraktiven Barmanns nicht widerstehen konnte. Dann erwies sich das kleine Zimmer im Nebenraum vortrefflich als gemeinsame Zuflucht…

Auch Holger Mettner schwebte vor, wechselnde Ausstellungen in seiner Bar zu organisieren. Allerdings nicht mit so hochwertigen Künstlern. Dazu reichte sein Kunstverstand nicht. Die Bar sollte die kleine Schwester der *Galerie Bremer* werden.

Im Sommer 1974 war es so weit. Die *Rauschgold* Bar in der Pariser Straße wurde mit viel Brimborium eröffnet. Freibier floss in Strömen, Konfetti und Luftschlangen flogen durch die Luft.

Es war ein gelungener Start und hauptsächlich an den Wochenenden brechend voll. Dann ließen sich die Gäste mit Persiko, einem Branntwein aus Obstkernen mit Kirschgeschmack, oder mit Apfelkorn volllaufen. Dazu gab es die ‚besten selbst gemachten Bouletten der Stadt', wie ein Gast behauptete.

In der schummrigen Atmosphäre liefen vom Plattenteller die neuesten internationalen Hits. Dazu wurde trotz der Enge, oder vielleicht deswegen, das Tanzbein geschwungen. Man kam sich näher. Und in Windeseile sprach sich die ausgelassene Stimmung im *Rauschgold* herum.

Inzwischen gehörten die Ensemblemitglieder aus den umliegenden Kabarettbühnen, den *Wühlmäusen*, dem *Reichskabarett,* die nach den jeweiligen Vorstellungen eintrafen, zu den Stammgästen. Der Wirt kannte mittlerweile genau die alkoholischen Vorlieben und Gepflogenheiten der Schauspieler, die sich sonst ‚auf den Brettern, die die Welt bedeuteten', bewegten.

An zwei Tagen in der Woche, Montag und Dienstag, waren Ruhetage angesetzt. An den anderen Abenden war so lange geöffnet, bis der letzte Gast ging.

Liebe auf den zweiten Blick

An einem Montag war im *Wintergarten* nicht viel los. Das Personal wartete gelangweilt auf Gäste.

Holger Mettner nutzte seinen freien Abend und lud die Freundinnen Eva und Susanne, die fast jeden Abend seine Bar besuchten, zum Essen in den *Wintergarten* ein. Die beiden Frauen waren neugierig und wollten unbedingt die neue Lokalität kennenlernen.

Schon als Holger zur Tür hereinkam, erkannte Tom ihn sofort wieder. Er stürzte auf die neuen Gäste zu.

Mit einem vielsagenden Blick und einem freundlichen: „Hallo! Einen schönen, guten Abend! Auch mal wieder hier?“, wurde zunächst Holger herzlich begrüßt, dann seine beiden Begleiterinnen.

Nachdem die neuen Gäste Platz nahmen, fragte Tom verschmitzt: „Was darf ich euch drei Hübschen bringen? Wir bieten wieder leckere Speisen zu vernünftigen Preisen!“

Als Tom nach der Bestellung verschwand, stellte Eva fest:

„Der ist ja süß! Und so attraktiv!“ Dabei schaute sie Holger an und beteuerte: „Ich habe bemerkt, wie er dich begrüßte und dabei anschaute. Das war eindeutig. Wäre doch was für dich?“ Und Susanne fügte hinzu: „Er könnte doch eine echte Zerstreuung für deinen Liebeskummer sein! Nachdem du so eine miese Erfahrung mit deinem letzten Lover Gerd machen musstest, der dich nach Strich und Faden mit einem anderen betrogen hatte. Und in die Kasse hatte er auch noch gegriffen! Diese Ratte!“

Bitter musste Holger ihr beipflichten.

„Du hast recht! Gerd war eine große Enttäuschung. Aber ich weiß nicht, ob ich schon wieder für einen neuen Liebhaber bereit bin.“

„Na, klar! Versuch es doch wenigstens! Sonst versauerst du in deinem *Rauschgold*!“

Nach dem Essen bestellte Holger eine Flasche Champagner und lud Tom zum Mittrinken ein. Da in seinem Revier sonst keine anderen Gäste anwesend waren, konnte er sich Zeit nehmen, um sich zu ihnen zu setzen.

Es wurde die zweite, die dritte Flasche Champagner geköpft. Alle waren in angeheiterter Stimmung. Die Zungen wurden lockerer. Nun begann Tom aus seinem Repertoire Schweinewitze zu erzählen, die nicht enden wollten.

„Den muss ich euch erzählen: Warum haben Männer ein Gen mehr als ein Schwein? Weil sie sonst ein Ringelschwänzchen hätten!

Oder den: Gehen zwei Schweine hintereinander, sagt das eine Schwein ‚geiler Arsch. Das vordere daraufhin, du Schwein!“

Darüber wurde herzhaft gelacht

Plötzlich traute sich Holger, mit Tom zu flirten und begann viel über sich preiszugeben. Unter anderem, dass er seit einem Jahr in der Pariser Straße 10 die *Rauschgold* Bar betreibt.

Tom kannte die Bar noch nicht, spitzte aber bei dem Namen *Rauschgold* mächtig die Ohren

Bei der Verabschiedung wurden Küsse rechts und links ausgeteilt. Holger drückte Tom an sich und raunte ihn sein Ohr:

„Ich möchte dich unbedingt wiedersehen! Würde mich sehr freuen, wenn du mich nach deiner Arbeit im *Rauschgold* besuchen kommst! Von Mittwoch bis Sonntag ist ab 21 Uhr geöffnet!“

Wie ein Versprechen ergriff Tom die Hand von Holger und drückte sie so fest, er nur konnte.

„Ja, ich komme vorbei!“

Er schaute den dreien beim Rausgehen hinterher und schmunzelte: „Das ist der Beginn einer wunderbaren Freundschaft!“.

Die beiden Freundinnen hakten sich bei Holger unter, und schwankten gutgelaunt durch die Nacht.

Drittes Kapitel

Das Zusammenleben

Seit knapp 10 Jahren waren Tom Kaiser und Holger Mettner nun schon ein Liebespaar. Sie lebten gemeinsam in einer großen 3-Zimmer-Altbauwohnung, Pariser Straße in Wilmersdorf, zwei Etagen über der *Rauschgold* Bar.

Es war immer noch die erste Wohnung von Holger in Berlin, die er damals günstig mieten konnte. Der große Kachelofen im Wohnzimmer wurde seinerzeit noch mit Kohle beheizt. Erst später ließ der Hauseigentümer eine Zentralheizung einbauen.

Gleich zu Beginn ihres Zusammenlebens kam es wegen der Wohnungseinrichtung häufiger zum Streit. Holger begnügte sich mit Möbelstücken, die er bei verschiedenen Trödlern erworben hatte. Tom empfand sie hässlich und spießig. Peu à peu konnte er sich mit seinem Hang zu teuren Designermöbeln durchsetzen. Bald war die Wohnung nach seinem Geschmack eingerichtet.

Im Haus der Pariser Straße 10 fühlte sich Tom gut aufgehoben. Dazu hatte auch die tolerante Nachbarschaft beigetragen, die weder über den Lärm aus der Bar, noch an der Homosexualität der beiden, Anstoß nahmen. Besonders Toms freundliche Art und Hilfsbereitschaft wurde geschätzt.

Sobald ihm die 82-jährigen Frau Hübner aus dem Hinterhaus mit ihrer Einkaufstasche begegnete, trug er die schweren Einkäufe in die vierte Etage ihrer Wohnung. Aus Dankbarkeit bot sie ihm immer eine Tasse Kaffee an. Aber allein schon wegen ihrer schmuddeligen Küche, lehnte Tom ‚aus Zeitgründen' dankend ab.

Dagegen pflegte er seit seinem Einzug, eine innige Freundschaft zur Nachbarin in der 3. Etage. Von der geschiedenen Vera Siebert ließ er sich gerne zum Kaffee oder Wein einladen. Sie hatte immer ein offenes Ohr, wenn Tom zu ihr flüchtete, wenn es mal wieder zwischen Holger und ihm aus unterschiedlichen Gründen krachte. Egal, was geschehen war, sie stand auf seiner Seite.

Inzwischen war Tom Teilhaber der *Rauschgold* Bar geworden. Auch hier wollte er einige stilistische Veränderungen vornehmen.

Holger war strikt dagegen, weil er befürchtete:

„Unsere Stammkunden werden wegbleiben! Sie haben sich an das Ambiente gewöhnt. Auch in der *Galerie Bremer* ist seit der Eröffnung 1955 in der Fasanenstraße nie etwas verändert worden."

„Unsere Bar muss moderner, luftiger werden! Sie ist verstaubt!", argumentierte Tom.

Eine einwöchige Abwesenheit von Holger nutzte er und machte hinter seinem Rücken Tabula rasa.

„Als Erstes fliegt der Kronleuchter raus! Und gleichzeitig auch das überdimensionale Foto der Dietrich!", wies er die beiden Studenten an, die ihm bei der Neugestaltung der *Rauschgold* Bar halfen.

Den Umbau sah Holger nach seiner Rückkehr. Ihm stand das blanke Entsetzen im Gesicht. Er ärgerte sich über die Eigenmächtigkeit seines Partners. Ein heftiger Disput war die Folge. Aber Tom setzte sich mit der Begründung durch:

„Wir leben im Jahr 1984! Nostalgie war gestern! Wir brauchen junge, zahlungskräftige Gäste!"

Nach dem Umbau gab ihm der Erfolg recht. Tatsächlich wurde das Publikum jünger und der Getränkegeschmack veränderte sich schlagartig. Statt Bier, Persiko und Apfelkorn wurde jetzt teurer Wein, Sekt und Champagner getrunken. Der Umsatz stieg beträchtlich!

Zwischen Holger und Tom litt die private Beziehung zusehends. Sie war seit längerer Zeit im Sinkflug. Jeder ging seiner eigenen Wege. Nur auf geschäftlicher Ebene funktionierte noch die Verbindung.

Als die Zerwürfnisse der beiden sich immer öfters häuften, schien ein Zusammenleben nicht mehr möglich zu sein. Holger hatte sich bereits einem anderen Liebhaber zugewandt. Nun ergriff er kurzerhand die Initiative, packte seine persönlichen Sachen und zog aus dem gemeinsamen Domizil aus.

Jetzt hatte Tom die Wohnung für sich allein und nahm wieder einige Veränderungen vor.

Die neue Einrichtung

Dieses Mal ließ sich Tom Kaiser von einer Innenarchitektin beraten. Sie sollte nicht nur die Küche vollständig modernisieren, auch das alte Badezimmer wollte er zu einem Badetempel neugestalten.

„Ich will das Neuste, was auf dem Markt ist!", wünschte sich Tom.

Die Innenarchitektin zeigte ihm Fotos, auf denen freistehende, runde Badewannen zu sehen waren.

„Das ist der letzte Schrei aus Amerika! Viele Hollywoodstars baden bereits in runden Wannen."

„So eine will ich haben! Innen blau und außen weiß! "

Tom war begeistert von dem Modell, das völlig unpraktisch für seine Größe zu sein schien. Doch Tage später wurde das teure Stück im Badezimmer freistehend eingebaut.

Seine ganze Leidenschaft galt der Wohnungsausstattung, in die er sein gesamtes Vermögen steckte. Und wenn es nicht reichte, half ihm ein Kredit von seiner Bank.

Jetzt fehlten nur noch Bilder an den Wänden. Die bot ihm ein Gast eines Abends an, der in arge Geldnöte geraten war und sich schleunigst ins Ausland absetzen wollte. Es waren Originalwerke von angesagten Künstlern, die er unter Marktwert zu verkaufen beabsichtigte. Dabei witterte Tom ein gutes Geschäft, griff schnell zu und dachte an die Wertsteigerung. Darunter waren zwei Drucke von Andy Warhol mit Originalsignatur und ein abstraktes Werk des amerikanischen Künstlers, Cy Twombly.

Die Bilder harmonisierten hervorragend mit den Designermöbeln. Nun war die Wohnung perfekt eingerichtet.

Gute Freunde attestierten ihm einen exzellenten Geschmack.

Seine diversen Liebhaber, die er in seiner Wohnung empfang, hatten hingegen keinen Sinn für den ausgefallenen Wohnstil.

Mittlerweile beschränkte sich das Beuteschema von Tom auf einfach gestrickte Homosexuelle, die er dominieren konnte. Es waren meist nur One-night-stands. Auf längere Beziehungen legte er keinen Wert.

Der Geburtstag

Je näher das Datum, 10. Februar 1985, rückte, desto nervöser wurde Tom. Sein 30. Geburtstag stand demnächst an.

„Meine Haare werden immer lichter! Falten habe ich auch schon um Mund und Augen! Meine Jugend geht dahin!", verkündete er traurig der Nachbarin, Frau Siebert.

„Ach was! Du bist doch noch jung. Was soll ich denn sagen, ich bin über 40!"

Es nutzte nichts. Tom fühlte sich schon an der Schwelle zum Altwerden. Trotzdem wollte er den Geburtstag groß feiern.

Er wagte sogar den Versuch, seine Eltern einzuladen. Und prompt sagten sie der Einladung zu. Im Hotel Kempinski reservierten sie sofort ein Doppelzimmer.

„Mal wieder Großstadt schnuppern!", jubelte Lore begeistert.

Mittlerweile hatte Wilhelm Kaiser mit seinem Sohn Frieden geschlossen. Auch an den Namen Tom gewöhnte er sich allmählich. In den letzten Jahren hielten beide wieder regen telefonischen Kontakt. Die Homosexualität von Tom spielte plötzlich keine Rolle mehr. Sein Vater wurde mit der Zeit diesbezüglich weicher in seiner Haltung. Vielleicht auch deswegen, weil er eine heimliche Affäre hatte?

Bei einem Telefonat erwähnte Wilhelm, der offensichtlich wieder mal zu tief ins Glas geschaut hatte, beiläufig ein gewisses Fräulein Griesheimer. Diese wohne in der nächsten Kleinstadt und ab und zu würde er ihr einen Besuch abstatten. Sie sei ungebunden, hätte aber einen kleinen, niedlichen Hund, den sie gemeinsamen ausführten, gestand der Vater unverblümt. Dabei schwärmte er von Fräulein Griesheimers kultivierter Art und ihrem festen, dicken Busen. Ja, sie würden glückliche Stunden miteinander verbringen.

Einen Moment zeigte sich Tom überrascht und fragte scherzhaft: „Hast du dich deswegen schon deinem Beichtvater anvertraut?"

„Unsinn! Habe ich natürlich nicht getan!"

Fast hätte Tom laut losgelacht, hielt sich jedoch zurück und gab ihm belustigt den Rat:

„Das solltest du aber als gläubiger Katholik schleunigst tun!", und stichelte weiter, „beichte deine Laster! ‚Der Geist ist willig, aber das Fleisch ist schwach! Ich habe mich heimlich einer Geliebten hingegeben'! Du wirst sehen, dann werden dir deine Sünden vergeben!"

Inständig bat Wilhelm: „Bitte, bitte behalte die Angelegenheit für dich und sprich mit niemandem darüber! Schon gar nicht mit deiner Mutter!"

„Ich kann schweigen wie ein Grab!"

Aber bei passender Gelegenheit wollte Tom das erheiternde Thema ‚Geliebte' seinem konservativen Vater nochmals unter die Nase reiben.

Die Telefongespräche zwischen den beiden verliefen oft äußerst nützlich und Wilhelm konnte so manchen geschäftlichen Rat erteilen. Ihm imponierte der Sprung seines Sohnes in die Selbstständigkeit, obwohl es sich nur um eine Teilhaberschaft handelte.

„Der Junge ist tüchtig! Hätte ich ihm nie zugetraut!", erwähnte er gegenüber Lore, die darauf zuversichtlich antwortete: „Ich schon! Das ist nicht das Ende seiner Karriere. Du wirst sehen, da kommt noch was!"

Eine Geburtstagseinladung erhielt auch Andreas.

Zwischen den beiden Brüdern bestand nur noch lockerer Kontakt. Obwohl Andreas bei seinen diversen Berlin-Besuchen sich um eine engere Bindung zu seinem Bruder bemühte

Unbedingt sollte auch der langjährige Freund, Bernd Kalweit, bei der Geburtstagsfeier mit dabei sein. Schließlich verhalf er anfänglich in Berlin, Tom zu seiner Gastronomiekarriere. In den letzten Jahren hatte er die freundschaftliche Beziehung zu Bernd stark vernachlässigt. Sein Tunten-Gehabe passte nicht mehr in die neue Welt von Tom.

Aber dann ereilte ihn die traurige Nachricht, dass Bernd im Sterben liege. Er hatte sich mit HIV infiziert. Eine Heilung war aussichtslos. Und kurze Zeit später verstarb Bernd, alias Madame Germaine, an Aids.

Es war der Beginn des weltweit großen Sterbens an Aids, Mitte der 80er Jahre. Die Krankheit grassierte auch innerhalb der Homo Community in Berlin. Bernd sollte nicht der einzige Tote in Toms Freundeskreis bleiben.

Die Angst ging in gewissen Kreisen um. Wie sich schützen? Kondome benutzen?

Als erste Konsequenz wurden die wenigen Dark Rooms, in denen schneller, anonymer Sex betrieben wurde, in der Stadt vorübergehend geschlossen.

Aids wurde zum Gesellschaftsthema. Es betraf nicht nur Homosexuelle, auch Heteros steckten sich mittlerweile beim ungeschützten Sex an.

International forschten Mediziner fieberhaft nach einem Gegenmedikament, jedoch vorläufig ohne Erfolg.

„Heute geschlossene Gesellschaft", stand auf dem Schild vor der *Rauschgold* Bar. Drinnen ließen eingeladene Gäste Tom an seinem 30. Geburtstag hochleben. Die Geschenke waren üppig und gefeiert wurde bis in die Morgenstunden.

Am nächsten Abend war Papa Kaiser in Spendierlaune. Auf Empfehlung von Tom, lud er in das stilvolle Restaurant *Heising* in der Rankestraße zu einem Familienessen ein. Ehefrau Lore war begeistert von der verstaubten Gründerzeiteinrichtung und den Fotos an den Wänden, auf denen so manches bekannte Politikergesicht mit verkniffenem Lächeln dreinschaute.

„Schau mal Wilhelm, das ist doch der kleine Norbert Blüm. Und das, der schneidige Helmut Schmidt. Und hier, der dicke Verkehrsminister, Werner Dollinger. Ach, und Hans-Dietrich Genscher von der FDP." Neugierig fragte Lore den Besitzer Bernhard Heising: „Haben die alle hier gegessen?"

„Ja, gnädige Frau! Und alle waren zufrieden mit unserer Küche", erwiderte er höflich.

„Vielleicht hänge ich auch eines Tages als Provinzpolitiker an der Wand?", gab Wilhelm zum Besten.

Nach dem Essen, das allen schmeckte, passte Tom den richtigen Moment ab und kündigte seinen Wunsch an:

„Ich will mich selbstständig machen und einen noblen Club eröffnen!"

Nur Teilhaber einer Bar zu sein, genügte ihm nicht mehr.

Jetzt rückte er mit der Neuigkeit raus:

„Ich steige aus dem popeligen *Rauschgold* aus! Auch auf geschäftlicher Basis funktioniert es mit Holger und mir nicht mehr. Ich habe mich umgeschaut. In Charlottenburg habe ich eine größere Lokalität in Aussicht, die jedoch vollständig umgebaut werden muss. Es soll was Besonderes werden, das es so in Berlin noch nicht gibt! Der Club soll sich durch sein hohes Niveau von den übrigen Bars abgrenzen! Discjockey, Piano für Livemusik, bequeme Ledersitze, einen langen Tresen, Spiegel an den Wänden. Vielleicht auch Canapés mit Lachs und so. Geschultes Bedienungspersonal in langen weißen Schürzen und einem Türsteher, der darauf achtet, dass nur gut gekleidete Gäste reingelassen werden!"

Bei der lebhaften Aufzählung glänzten Toms Augen.

Ernüchternd bemerkte er jedoch: „Aber das alles wird Unsummen von Geld verschlingen!"

Dabei schaute er verheißungsvoll zu seinem Vater rüber. Der verstand den Blick sofort, atmete kurz tief durch und dann vorschlug: „Wenn ich dir dein Erbteil jetzt schon auszahle, reicht das für die Finanzierung deines Clubs. Sobald ich wieder zu Hause bin, spreche ich mit meinem Steuerberater, Herrn Kühne, und mit meiner Bank. Da könnte so einiges zusammenkommen!"

Tom fiel ein Stein vom Herzen. Mit so einer schnellen Reaktion hatte er nicht gerechnet.

Besiegelt wurde die Abmachung mit Champagner.

Lore fühlte sich in ihrer früheren Vorahnung bestätigt. Sie glaubte immer daran, dass ihr Lieblingssohn in Berlin was Großes schaffen würde.

Nur Andreas war mal wieder verblüfft. Er wunderte sich und dachte, womit schaffte es Tom, unseren Vater so milde zu stimmen?

Andreas' Leben

Seit Andreas nach Wiesbaden umgezogen war, erfuhr Tom wenig über das Leben seines Bruders. Es interessierte ihn auch nicht sonderlich. Öfters gerieten die beiden in Streit, wenn Tom seinem Bruder vorhielt, nicht ehrlich zu sich selbst zu sein. Zu sehr sei er nur auf seinen Vorteil bedacht, unangenehme Dinge beiseite zu schieben und sich nicht mit seiner Homosexualität auseinander zu setzten.

Das zeigte sich auch in seinem Lehrerberuf und in seiner Ehe.

Selbst seiner Mutter gegenüber wollte er sich nicht öffnen. Dabei wäre es an der Zeit gewesen auch mit ihr über sein Schwulsein zu sprechen. Irgendwann äußerte Lore in einem vier Augengespräch mit ihm den Verdacht, dass er schwul sei und seine Ehe nur eine Scheinehe sei.

„Aber Mutter, wo denkst du hin. Das waren damals Kindereien. Ich bin glücklich mit Christine verheiratet. Wir lieben uns!"

Trotz seiner Äußerungen war Lore davon überzeugt, dass er seine Neigungen ihr gegenüber verdrängte, wollte aber keinen unnötigen Konflikt heraufbeschwören. Das Thema sah sie als beendet an.

Mit ihrem Ehemann wollte sie sich in der Angelegenheit nicht austauschen. Für ihn zählte nur, dass Andreas verheiratet ist, ein angesehener Lehrer ist und damit basta.

Nichtsahnend fragten der Schwiegervater und die Schwiegermutter öfters nach, wo denn die Enkelkinder bleiben?

Christine hatte dann immer die Antwort parat, der Moment des Kinderkriegens sei noch nicht gekommen. Zu sehr sei sie mit ihrer politischen Karriereleiter beschäftigt. Erst wenn sie fest im Sattel sitzt, dann denke sie an Kinder.

Anfänglich konnte Christine mit der Homosexualität ihres Ehemannes gut umgehen. Hauptsache, er fiel deswegen nicht auf. Nur den engsten Freunden hatten sich beide anvertraut. Diese gelobten Verschwiegenheit.

So oft es möglich war, reiste Andreas nach Berlin und nahm sich in einer Gay-Pension ein Zimmer. Dann stürzte er sich rund um den Nollendorfplatz ins Nachtleben. Vornehmlich verkehrte er im *KC*, Kleist-Casino, dem angesagten Schwulentreff in der Kleiststraße 35. Hier konnte er schnell Kontakte knüpfen und seine Homosexualität anonym ausleben.

Christine akzeptierte zunächst die Reisen nach Berlin. Sie wusste, dass er sich dort amüsieren wollte. Aber mit der Zeit entwickelte sich das Zusammenleben der beiden allmählich zum Albtraum. Es kam öfters zu unangenehmen Vorwürfen.

„Schützt du dich bei deinen Sexabenteuern genügend vor Ansteckungen gegen HIV? Du oder deine Liebhaber benutzen doch hoffentlich Kondome?"

„Was glaubst du denn, natürlich tue ich das! Lass mich das selbst entscheiden!", sagte Andreas wütend. „Schließlich lasse ich dir doch auch deine Freiheit!"

Jetzt holte er zum Gegenschlag aus.

„Hattest du nicht vor kurzem eine heimliche Affäre mit dem verheirateten Alfred Clasen aus deiner Partei? Da habe ich schließlich auch geschwiegen."

„Das ist was anderes! Ja, ich hatte eine Affäre und du weißt genau warum. Er war in dem Moment wichtig für meine Karriere. Ich brauchte dringend seine Zustimmung für mein Projekt ‚Frauen und Beruf'. Daran habe ich hart gearbeitet. Es ist nicht einfach, so etwas in unserer Partei durchzusetzen! “

„Du und deine Politik! Alles gibst du dafür!“

„Es ist wenigstens etwas Sinnvolles! Wo hingegen du nur deinem Vergnügen nachgehst!“

Die gegenseitige Toleranz, die sie sich anfänglich vorgenommen hatten, funktionierte nicht mehr.

Zum endgültigen Bruch kam es, als Christine eines Abends von einer Dienstreise früher nach Hause kam. Im Ehebett erwischte sie ihren Gatten in flagranti mit einem sehr jungen Liebhaber. Das, was sie zu Gesicht bekam, fand sie beschämend und abscheulich.

Auf keinen Fall sollte die Wohnung ein Liebesnest für ihren schwulen Ehemann sein. Das hatten sie vereinbart.

Völlig hysterisch kam ihre Reaktion und forderte beide mit barschem Ton auf:

„Sofort verlasst ihr diese Wohnung! Aber schnell!“

Andreas dachte nicht daran, zu gehen. Jedoch bestand Christine darauf, dass auch er auf der Stelle die gemeinsame Wohnung verlassen soll.

„Pack deine Sachen und gehe auf Nimmerwiedersehen. Du hast immer beteuerte, dass unsere Wohnung für dein Sexleben tabu sei. So einen Vertrauensbruch kann ich nicht durchgehen lassen!“

Flehend bat Andreas darum:

„Lass uns darüber reden!“

„Da gibt es nichts zu reden, du Mistkerl!“

Verstört führte er als Entschuldigung an:

„Er ist Schüler aus der Abiturklasse und hatte einige Fragen zu seiner schriftlichen Arbeit. Deshalb habe ich ihm gesagt, er solle herkommen und wir gehen das Thema durch. Dann hat es sich so ergeben!“

Christine war bei dieser Aussage noch aufgebrachter.

„Auch das noch! Schüler aus deiner Abiturklasse! Raus hier! Sonst rufe ich morgen beim Schulamt an und sage, dass du wegen deiner abnormen homophilen Art für den Schulunterricht nicht mehr tragbar bist. Du weißt, dass ich den Leiter gut kenne. Der würde dich sofort rausschmeißen und womöglich anzeigen. Welche Blamage! "

Die blanke Angst stand Andreas plötzlich im Gesicht.

Die Folgen wären nicht auszudenken, wenn Christine dazu fähig wäre, überdachte er die Situation.

Notgedrungen packte Andreas seine Sachen zusammen und verließ die gemeinsame Wohnung.

Mitten in der Nacht klingelte er einen Freund aus dem Bett, der ihn schlafwandlerisch in sein Appartement aufnahm.

Es dauerte nur ein paar Monate, dann folgte die Scheidung. Die verlief erstaunlicherweise problemlos.

Als Grund wurde angegeben, dass sie beide im Laufe der Zeit verschiedene Lebensauffassungen entwickelt hatten.

Ein weiteres Argument für die Trennung, Andreas hatte sich als Sprachlehrer beim Goethe Institut beworben. Kurz darauf wurde ihm eine Auslandsstelle in Rio da Janeiro angeboten, die er demnächst allein antreten wollte.

Schon öfters beklagte er sein eintöniges Lehrerdasein in Wiesbaden. Er wollte raus in die Welt und dabei bot sich der Wechsel zum Goethe-Institut an.

Dafür zeigten seine Eltern Verständnis. Obwohl er jetzt weit weg sein würde.

Auch das Verhältnis zwischen den Brüdern normalisierte sich nach der Trennung wieder.

„Ich wusste, dass das mit deiner Scheinheirat nicht auf Dauer gut gehen kann! Nun hast du das Versteckspiel hinter dir!", sagte Tom süffisant bei einem Telefonat mit seinem Bruder.

Kleinlaut pflichtete Andreas ihm zu.

„Ich bin froh, dass ich mich aus der Enge der Stadt und der Ehe befreit habe. Jetzt begingt in Rio da Janeiro ein neues Leben!"

Viertes Kapitel

Der *Prime* Club

Endlich konnte Tom seinen Lebenstraum verwirklichen. Dafür hatte er hart gearbeitet.

Nach aufwendigen Umbauarbeiten war es soweit. Im Juni 1985 wurde der Nachtclub *Prime* in Charlottenburg eröffnet. Der Name stand für Toms erste Selbstständigkeit und gleichzeitig auch den Status andeuten: erste Adresse des noblen Berliner Clublebens zu sein.

Die Boulevard-Presse widmete dem *Prime* Club nach der Eröffnung eine halbe Seite:

Konkurrenz für die Eden Clubs

Der Herrscher der Nachtclub Szene, Rolf Eden, scheint nicht mehr die Nummer 1 in Berlin zu sein. Seine beiden Clubs Big Eden und Eden Salon haben ernsthafte Konkurrenz bekommen. Seit ein paar Tagen hat der neue Nobel Club Prime in Charlottenburg geöffnet.

Ein Foto zeigte einen strahlenden Tom Kaiser in seinem Reich. Mit ausgebreiteten Armen stand er vor dem Tresen, hinter ihm der gesamten Getränkebestand. Die Bildunterschrift machte deutlich:

Tom Kaiser gibt der Stadt wieder neuen Glanz.

Das war sprichwörtlich, denn alles glänzte im *Prime* Club. Die Spiegelflächen an den Wänden, die glatten Eisenplatten auf dem Boden, und der Tresen war übersät mit Strasssteinchen. An der Decke hing eine drehende Diskokugel, die den Prunk nochmals verstärkte.

Genau darunter stand der schwarze Steinway & Sons Flügel.

Davor saß stilvoll in einem weißen Anzug Joe Black, von dem niemand wusste, welche Nationalität er besaß. Mal behauptete er, direkt aus New York zu kommen, ein anderes Mal, er stamme aus Italien, und dem Nächsten erzählte er, dass er Südafrikaner sei.

Tom hatte ihn bei einem Besuch in der *Hilton* Bar entdeckt und für seinen Club abgeworben.

Abend für Abend spielte Joe Black sanfte Jazzmelodien und stimmte so die ankommenden Gäste auf die Partynächte ein, die ab 24 Uhr mit lauter Diskomusik begannen und erst in den frühen Morgenstunden endeten.

Die Gäste

Auf der Straße vor dem Club bildeten sich lange Schlangen schon eine Stunde vor der Öffnung. Einlass war um 22 Uhr. Der strenge Türsteher musterte streng die Wartenden. Vom Chef erhielt er genaue Order, wen er reinlassen darf und wen nicht. Sein geschärfter Blick galt gepflegt frisierten, geschmackvoll angezogenen Frauen in teuren Schuhen und teuren Handtaschen. Ihnen wurde der Eintritt sofort gewährt.

So manches hässliche Entlein oder hässlicher Enterich mussten jedoch draußen bleiben mit dem Verweis, ‚Zutritt nur für Clubmitglieder', und der Zugang wurde ihnen verweigert. Aus diesem Grund spielten sich oft tumultartige Szenen vor der Tür ab, die der Türsteher nicht mehr beherrschte. Dann versuchte der Besitzer, zu schlichten. Wenn das nicht gelang, musste die herbeigerufene Polizei einschreiten.

Nur Männer, die ihrer Kleidung nach Geld aussahen, waren herzlich willkommen. Wer einen Promibonus hatte, durfte den Club auch ohne passendes Outfit betreten. Darunter waren oft bekannte Gesichter, die auf einen Absacker kamen oder für die Nacht noch jemanden abschleppen wollten.

Tom hatte genau den richtigen Blick, wer von seinen Gästen wichtig war und nicht mit der D-Mark geizen musste. Diese wurden überschwänglich begrüßt und bekamen von ihm die besten Plätze zugewiesen.

Den Frauen machte er charmant Komplimente: „Schick sehen Sie heute Abend aus! Die Handtasche passt genau zu Ihrem Kleid! Ihr Parfüm ist umwerfend! Ihre Haare sitzen wieder fantastisch!" Nahmen alleinstehende Männer am Tresen Platz, machte er sie nach kurzer Zeit aufmerksam: „Falls Sie jemanden zum Tanzen oder zum Quatschen suchen, kann ich Ihnen helfen! Die Blonde da drüben, wäre die was für Sie?"

In den meisten Fällen funktionierte es.

Und schon stieg der Umsatz mit einer großzügigen Getränkebestellung. Das gehörte zum Geschäftsmodell.

Hinter vorgehaltener Hand verbreitete die Konkurrenz unhaltbare

Gerüchte: „Im *Prime* Club verkehren nur Nutten! Der Besitzer verhält sich wie ein Zuhälter!“

Als ihm das zu Ohren kam, wies er diese Anschuldigungen aufs Schärfste zurück und drohte mit einer Klage wegen Geschäftsschädigung.

„Alles nur Neider!“, schimpfte Tom.

Tatsache war, dass selten Gäste paarweise kamen. Deshalb eilte dem *Prime* der Ruf voraus, rasche Anmache auf hohem Niveau. Für den schnellen Schub sorgte teurer Champagner oder gleich eine ganze Flasche Wodka. Und wem nach reichlichem Alkoholgenuss der sexuelle Druck zu groß war, der verschwand für kurze Zeit mit einer Partnerin zum schnellen Sex auf die Herrentoilette.

Davon profitierte die Toilettenfrau, die von den Männern ein beachtliches Trinkgeld erhielt. Sie brachte dann das Schild: *Toilette besetzt!* an und achtete diskret darauf, dass niemand die Toilette betrat, beziehungsweise gestört wird.

Der ordinäre Autohändler Michael Deiselmann, ein langjähriger Stammgast, hatte immer den gleichen Spruch drauf: „Lächle, wenn du geil auf mich bist!“ Manchmal hatte er sogar Erfolg damit.

Das *Prime* erreichte mittlerweile weit über die Grenzen Berlins hinaus einen gewissen Bekanntheitsgrad. Für betuchte Berlin-Besucher gehörte es selbstverständlich dazu, sich Eintritt im Club zu verschaffen.

Das Gästebuch füllte Seiten sogar mit Hollywoodgrößen, die während der Filmfestspiele in Berlin einen Kurzbesuch abstatteten.

Aber auch deutsche Stars schauten neugierig im *Prime* Club vorbei. So konnte es passieren, dass ein bekannter Komiker und Schauspieler am Tresen saßen, plötzlich berühmte Schlagersänger zur Tür hereinkamen oder eine alternde Filmdiva mit einem Unbekannten engumschlungen tanzte.

Der Laden brummte und Tom Kaiser herrschte in seinem Reich.

Es war ein Tag vor dem 31. Dezember 1987. Tom und seine Mitarbeiter waren mit dem Ausschmücken für die Silvesterfeier beschäftigt. Mitten in die Vorbereitungen platzte Berlins bekanntester Friseur, Kuno Feldhoff, der zu den Stammbesuchern zählte, herein. Aufgeregt ließ er Tom wissen, dass er zusammen mit einem Botschafter und dessen Ehefrau morgen im *Prime* Club ins neue Jahr 1988 reinfeiern wollte. Es müsste jedoch äußerst diskret zugehen, da der Botschafter seinen diplomatischen Dienst für einen befreundeten westlichen Staat in Bonn verrichtete.

Die Regenbogen Presse berichtete bereits, dass die Botschaftergattin eine enge Bindung zu Kuno Feldhoff pflegte, der für die Verschönerung ihre Frisur zuständig war. Deshalb flog sie zweimal im Monat nach Berlin, um sich in seinem Salon ihre Haare auffrischen zu lassen. Als Tom davon erfuhr, fand er das äußerst dekadent.

„Kannst du für deren Sicherheit im Club garantieren? Es werden trotzdem unauffällig zwei Personenschützer dabei sein! Auf keinen Fall dürfen Kommunisten, Anarchisten, linke Studenten oder Presseleute anwesend sein. Das Ehepaar will inkognito Silvester feiern und nicht von pöbelnden Gästen gestört werden!“, so das dringende Anliegen des Friseurs.

Überzeugend antwortete Tom: „Das ist doch wohl selbstverständlich! Ich habe nur angemeldete Gäste. Es sind ausgewählte Stammgäste von uns. Ich lasse bestimmt nicht Krethi und Plethi herein. Das verspreche ich dir! Du kannst gerne mit dem Botschafter kommen! Ihm wird schon nichts passieren!“, und belustigt fügte er hinzu: „Notfalls habe ich die Telefonnummer der Polizei!“

„Na, dann wäre das ja auch geklärt!“, beruhigte sich Kuno Feldhoff.

„Ich werde euch die besten Plätze reservieren!“

Fast hätte Tom vergessen, noch zu erwähnen: „Übrigens, der Eintritt kostet 95 D-Mark pro Person! Inbegriffen zur Begrüßung 1 Glas Champagner, Fingerfood und nach Mitternacht Berliner Pfannkuchen in Hülle und Fülle!“

„In dem Fall spielt Geld keine Rolle. Tschüss, bis morgen!“

Solche Gäste mit Personenschutz hatte ich noch nie! Das wird eine echte Herausforderung werden, dachte Tom und trieb sein Personal an, sich für den morgigen Abend noch stärker ins Zeug zu legen.

Der 9. November 1989

Tom wischte noch den Tresen blank, da stürzte gegen 21 Uhr einer seiner Kellner, Peter, zur Tür herein und verkündete lauthals eine Sensation: „Die Mauer ist offen!“

Mit großen Augen sah Tom skeptisch zu ihm rüber und ließ das Wischtuch fallen. In diesem Moment erfuhr er, dass ab heute Abend, dem

9. November 1989, die Berliner Mauer offen sei. Von dem historischen Ereignis hatte er bis zu diesem Zeitpunkt nichts mitbekommen.

Wie im Rausch lief Peter hin und her und brüllte immer wieder: „Ich kann es nicht glauben! Endlich, nach 28 Jahren ist die Mauer gefallen!"

Ungläubig fragte Tom: „Woher weißt du das?"

„Die Nachricht wurde im Fernsehen verbreitet, dass DDR-Bürger ab sofort mit ihrem Ausweis die Grenze zum Westen passieren können!" Auch das restliche Personal war fassungslos über diese Mitteilung.

Tom wies den Diskjockey an, sofort das Radio anzustellen.

Tatsächlich berichtete der Sender Freies Berlin in einer Sondersendung über das Ereignis.

„Ich muss sofort meine Mutter anrufen!" Aufgeregt griff Tom zum Telefonhörer und wählte ihre Nummer.

Mit ruhiger Stimme meldete sich am anderen Ende: „Lore Kaiser." „Hast du es schon gehört?", fragte Tom voller Emotion.

„Was denn?"

Jetzt schrie er regelrecht in die Sprechmuschel: „Die Mauer ist offen! Sie ist gefallen! Schallte schnell den Fernseher oder das Radio ein!"

„Wie bitte? Was sagst du? Die Mauer soll offen sein?" Lore war ahnungslos und konnte es nicht fassen, was sie eben hörte „Verdammt, ich habe gar nichts mitgekriegt!"

Betreten merkte sie an: „Da sitze ich hier gemütlich und lese ein spannendes Buch, und draußen verändert sich augenblicklich die Welt!" Lore musste innehalten. Ihr fehlten zunächst die Worte. Nach einer Weile begriff sie erst das historische Ereignis.

„Das ist das Ende der DDR! Gott sei Dank! Das haben wir Gorbatschow zu verdanken! Ich bin überglücklich!"

Tom legte den Hörer auf und überlegte, wie er an diesem bedeutenden Donnerstagabend handeln sollte.

Seinen Laden schließen? Zum Brandenburger Tor oder zum Grenzübergang an der Invalidenstraße gehen? Er war ratlos.

Im Radio wurde berichtet, dass vereinzelte DDR-Bürger an der Bornholmer Straße sich über die Grenze auf den Weg in die Westberliner City begaben.

Dann kam ihm eine zündende Idee: „Wir schreiben auf ein großes

Schild **DDR-Bürger herzlich willkommen** und hängen es vor die Tür. Jeder der reinkommt, erhält Freibier aufs Haus!", ordnete Tom an.

Als am Abend des 9. Novembers 1989 die Berliner Mauer fiel, herrschte hüben wie drüben eine große Euphorie. Fremde Menschen lagen sich unter Freudentränen in den Armen. Angelockt von den Lichtern, strömten Tausende Ostberliner in der Nacht zum Kurfürstendamm. Es herrschte Freudentaumel auf den Straßen.

In der Nacht betraten Bürger das *Prime,* die der üblichen Kleiderordnung des Clubs so gar nicht entsprachen. Egal, es wurde feucht fröhlich Verbrüderung gefeiert!

Die Kehrseite der Medaille. Magere Zeiten

Nach der deutschen Vereinigung im 3. Oktober 1990 etablierte sich in Berlins Bezirken Mitte, Friedrichshain und Prenzlauer Berg eine neue Gastronomie. Die alten DDR-Gaststätten mit ihrem mäßigen Essensangebot waren nicht mehr gefragt. Es folgte ein Verdrängungsprozess. In die grauen Häuser zogen bunte italienische, griechische, türkische und indische Restaurants ein.

Gleichzeitig gründete sich eine neue Clubszene.

Als Erstes eröffnete 1991 der Techno Club *Tresor* im Keller des ehemaligen Kaufhauses Wertheim in der Leipziger Straße. In den Räumlichkeiten wurde nichts verändert. Das machte den Reiz aus. Der *Tresor* wurde zum Meilenstein der Berliner Clubszene. Und bald zählte er zum bekanntesten Techno-Club der Welt.

Immer mehr Clubs wurden eröffnet. Es herrschte Anarchie. Keller wurden aufgebrochen und schon war Party. Einige Jahre später eröffnete das berühmte *Berghain* in Friedrichshain.

Jetzt verbrachten alle Vergnügungssüchtigen und Tanzwütigen ihre Nächte in den Clubs im östlichen Teil der Stadt.

Den neuen Trend spürten die Gastronomen im alten Westberlin deutlich und er bereitete ihnen Kopfzerbrechen.

Beträchtliche Verluste musste Holger Mettner in seiner *Rauschgold* Bar hinnehmen. Entschlossen verkaufte er sein Etablissement. Der neue

Besitzer machte daraus ein Feinkostgeschäft und änderte den Namen auf: *Goldrausch*.

Auch Tom Kaiser musste mittlerweile eingestehen, dass nur noch die Hälfte der bisherigen Stammgäste das *Prime* aufsuchten. Es folgten magere Zeiten. Daraufhin überlegte er sich ein neues Konzept.

Als erste Konsequenz feuerte er sein ‚altes' Personal, stellte jüngeres ein und reduzierte seine Mitarbeiter auf drei Personen. Nur Peter, der seit der Eröffnung mit dabei war, behielt seine Stelle. Notgedrungen musste auch dem langjährigen Pianospieler, Joe Black, gekündigt werden. Und gleichzeitig wurde der wertvolle Steinway Flügel zum Verkauf angeboten.

Schmachtende Melodien waren nicht mehr gefragt. Vielmehr war brummende Techno-Musik angesagt.

Reduziert wurden ebenso die Öffnungstage. Nur Freitag und Samstag war der Club noch offen.

Die Überlegung, einen Umbau vorzunehmen, um das *Prime* auf Vordermann zu bringen und ihm einen neuen Anstrich zu geben, verwarf Tom aus Geldmangel. So langsam ging's wirtschaftlich bergab.

Schon seit geraumer Zeit steckte Tom in finanziellen Nöten. Sukzessive verkaufte er seine wertvolle Bildersammlung unter Wert. Jetzt zierten seine Wände nur billige Drucke eines großen schwedischen Möbelhauses. Auch von Teilen seiner teuren Designermöbeln trennte er sich. Doch die erhofften Summen reichten nicht aus, um seinen immer höher steigenden Schuldenberg zu begleichen.

Dazu hatte er sich noch verspekuliert!

Aus steuerlichen Gründen riet ihm sein Steuerberater, unbedingt ein Mietshaus in Brandenburg zu erwerben. Erst später stellte sich heraus, dass es sich um eine Schrottimmobilie handelte und Tom damit große Verluste machte.

Sonntag, 9. März 2014

Wie üblich war Tom an dem regnerischen Sonntagmorgen noch vom Kokain und Alkohol ziemlich aufgekratzt. Sein Drogenkonsum half ihm, Probleme zu verdrängen und so manche Nacht im halbleeren *Prime* Club zu überstehen.

Endlich konnte er die Tür abschließen. Zuvor rechnete er akribisch mit seinem Personal die Einnahmen aus dem Nachtgeschäft ab. Viel Bargeld war es nicht. Die meisten Gäste zahlten mit Kreditkarte.

„Auch heute Nacht war der Umsatz wieder nur mäßig!“, musste Tom bitter feststellen. „In bar 830 Euro, auf Kreditkarten 1.340 Euro. Macht zusammen nur 2.170 Euro. Das ist zu wenig für diese Knochenarbeit!“

Sein Personal gab ihm recht.

„Hoffentlich stimmt wenigstens euer Trinkgeld?“, fragte er fürsorglich in die Runde.

„Das ist schon okay!“, bemerkte nur der 54-jährige Peter.

Er war die gute Seele des Clubs und kannte bessere Zeiten.

Die anderen machten lange Gesichter.

Das Geld und die Kreditkartenquittungen steckte Tom wie immer in seine Louis- Vuitton-Umhängetasche und fuhr mit einem Taxi davon.

Zuhause packte er die gebündelten Scheine mit samt den Quittungen in einen Safe im Wohnzimmer, der sich hinter seinem letzten vorhandenen Originalgemälde eines unbekannten Malers verbarg. Dort bewahrte er auch die Einnahmen vom Freitag auf Samstag auf, die sich nur auf magere 1.502 Euro beliefen.

Die Umsätze im Club gingen seit einiger Zeit stark zurück. Beklemmende Gedanken quälten Tom auch an diesem Sonntagmorgen, als er die Einkünfte vom Wochenende ausrechnete. Es kamen insgesamt nur 3.672 Euro zusammen.

Schmerzlich stellte er fest, es reicht kaum für die hohe Miete des Clubs. Und schließlich müssen Getränke aufgefüllt werden, der Bankkredit muss abstottert werden, das Personal will auch sein Geld. Dazu kommt noch die Miete für die Wohnung. Wenn ich meinen Lebensstandard einiger Maßen halten will, brauche ich höheren Umsatz!

Vielleicht lag es an dem verdammten verregneten Wochenende, dass diesmal so wenige Gäste kamen, tröstete er sich.

Um sich wenigstens einen ruhigen Schlaf zu gönnen, mixte er, wie schon oft, Valium und Dormutil-Schlaftabletten mit einem gehörigen Schuss Schnaps zu einem Schlafcocktail zusammen.

Verkatert wachte er erst am Spätnachmittag wieder auf. Dabei wurde ihm klar, dass seine Geldsorgen sich durch den Tiefschlaf nicht wegzaubern ließ. Sie waren immer noch da.

Nach einer kalten Dusche setzte er sich mit einer Tasse schwarzen Kaffees an seinen Schreibtisch und schrieb auf einen Zettel, was in der kommenden Woche alles zu erledigen sei. Ganz oben stand: Samstag, Mutter wegen Geld anrufen!

Woche, 10. – 15.März 2014

Die Tage verliefen in dieser Woche wie gewohnt. Sie waren mit Besorgungen und Terminen vollgepackt.

Montagmorgen brachte Tom die spärlichen Einnahmen zur Bank. Anschließend besuchte er seinen väterlichen Freund, Sigurd Dressler, auf einen Kaffee in dessen eleganter Männerboutique, in der Nähe des Kurfürstendamms.

Den feinsinnigen 76-Jährigen begleitete Tom oft in die Deutsche Oper. Bei keinem anderen seiner Freunde konnte er so sein Herz ausschütten, wie bei Sigurd.

Ernsthaft und den Tränen nahe klagte Tom über das schlechte Geschäft, das er am letzten Wochenende und denen zuvor hatte.

„Ich bin verzweifelt und weiß nicht, wie es mit dem *Prime* weitergehen soll! Ich kann doch nicht einfach mein Lebenswerk aufgeben? Dazu sitzt mir die Bank im Nacken!"

Auch Sigurd klagte über geringen Umsatz. Er zeigte auf die neue Ware, die keine nennenswerten Abnehmer fand.

„Im Moment stagniert bei mir ebenso das Geschäft. Ich beobachte schon seit Jahren, dass in den ersten drei Monaten eines Jahres die Kauflust erlahmt. Die Kunden knausern mit dem Geld".

Tröstend sagte er: „Aber es werden sicher wieder bessere Zeiten kommen! Lass dich bloß nicht unterkriegen! Kopf hoch!"

Um Tom aufzumuntern, teilte er ihm mit: „Für die Neuinszenierung der Oper *Tosca* von Puccini in drei Wochen habe ich für uns zwei Karten bestellt. Soll eine sensationelle Aufführung sein. Dazu lade ich dich selbstverständlich ein, damit du wieder auf andere Gedanken kommst!"

Schwacher Trost, dachte Tom und bedankte sich schon mal.

Dienstag fuhr er ins Fitnessstudio, um sich seinen gewölbten Bauch schweißtreibend abzutrainieren. Dabei unterstützte ihn sein Personaltrainer, Kerim Öztürk, der ihn wieder hart rannahm.

Trotz seines leichten Erschöpfungszustandes verabredete er sich mit Kerim anschließend in seiner Wohnung. Auf die gewohnten Rituale mit ihm wollte Tom nicht verzichten.

Nur mit einem seidenen Morgenmantel bekleidet, empfing er zwei Stunden später Kerim an der Tür

Ohne große Worte zu verlieren, gingen beide ins Schlafzimmer und der Trainer legte routiniert sofort los. Er kannte die erotischen Stellen von Tom. Zuerst befummelte er den Penis, bis dieser steif wurde, dann nahm er ihn in seinen Mund. Nach kurzen rhythmischen Bewegungen war sein 59-jähriger Sexpartner schon befriedigt. Die ganze Prozedur dauerte nur wenige Minuten. Anschließend tranken sie noch ein Bier zusammen, rauchten ‚die Zigarette danach' und scherzten miteinander. Tom holte sein Lieblingsparfüm aus dem Badezimmer und sprühte es über Kerims Körper

„Hier noch ein schöner Duft! Damit deine Frau nichts merkt, wo du gewesen bist!"

Bevor sich Kerim verabschiedete, steckte ihm sein Lover einen Geldschein in die Jackentasche.

„Bis zum nächsten Mal!", und mit einem hämischen Lachen: „Grüße an deine Frau, unbekannterweise!"

Mittwochmorgen rief seine langjährige Freundin Ingrid an und erinnerte Tom daran, dass beide nächste Woche zusammen nach Paris fliegen.

Ingrid war die Gattin eines wohlhabenden Vermögensberaters, deren Ehe schon längere Zeit auf der Kippe stand. Tom bezeichnete sie als frustrierte Ehefrau, mit viel Geld, aber unglücklich.

Unbedingt wollte sie ihren 70. Geburtstag nur mit Tom im Hotel *Ritz* in Paris feiern.

„Natürlich denke ich daran! Hast du die Flugtickets schon besorgt?"

„Selbstverständlich! Wir fliegen am kommenden Dienstag, das ist der 18. März, um 18 Uhr 30, ab Flughafen Tegel mit der Air France und sind am Donnerstagabend wieder zurück! So, wie wir es verabredet haben!", äußerte sich Ingrid in ihrem bestimmenden Ton.

Auf was habe ich mich da nur eingelassen, drei Tage zusammen mit ihr. Das wird kein Zuckerschlecken. Sie ist anstrengend und ich muss mir zum zigsten Mal ihre Eheprobleme anhören. Zuquatschen wird sie mich damit, befürchtete Tom.

Jedoch schob er seine Bedenken schnell zur Seite, denn auf so eine Einladung wollte er nicht verzichten.

Paris, die Stadt, die er noch nie besucht hatte, und dann im vornehmen Hotel *Ritz* übernachten, wo Coco Chanel 34 Jahre bis zu ihrem Tod wohnte, erinnerte er sich. Und natürlich auch an Diana, die Princess of Wales, die mit ihrem Freund Dodi Al-Fayed im August 1997 kurz vor ihrem und seinem Tod dort dinierten.

Ingrid war eine große Bewunderin von Diana. Deshalb wollte sie zum Gedenken an die Princess unbedingt ihren runden Geburtstag im *Ritz* angemessen feiern.

Noch immer grübelte Tom, wie er die Tage mit Ingrid in Paris möglichst erträglich überstehen konnte. Ich werde genügend Koks besorgen und mitnehmen. Sie zieht sich auch gerne das Zeug durch die Nase. Das wird dann mein Geburtstagsgeschenk sein, malte sich Tom aus.

Und vielleicht habe ich Gelegenheit, eine Gay-Bar zu besuchen. Die schwule Szene in Paris könnte erfrischend für mich sein.

Auf einen Sprung stattete er der lebenstüchtigen Frau Siebert in der 3. Etage einen Besuch ab. Er überlegte, ob er ihr von der bevorstehenden Reise erzählen sollte. Ließ es aber sein.

Freudig begrüßte sie ihn: „Schön, dass du mich mal wieder besuchen kommst. Du warst längere Zeit nicht bei mir!“

Bevor Tom im Wohnzimmer Platz nahm, erwähnte sie überraschenderweise, dass sie morgen schon früh in die Schlosspark-Klinik zur OP müsse.

„Endlich habe ich einen Termin für meine Darm-OP bekommen! Die Ärzte sollen dort hervorragend sein! Wenn alles gutgeht, werde ich schon nach einer Woche wieder entlassen!“

Sofort reagierte Tom: „Ich werde dich selbstverständlich mit dem Auto in die Klinik fahren! Und sobald es dein Zustand erlaubt, besuche ich dich am Montag!“

Vera Siebert war gerührt von dem Angebot.

„Das freut mich aber! Du bist ein Mordskerl! Auf dich kann ich mich verlassen! Was würde ich ohne dich sonst machen?

Freudig eilte sie in die Küche, kam mit einer Flasche Wein, zwei Gläsern und Salzstangen zurück.

„Komm, lass uns noch einen Wein trinken! Es könnte das letzte Glas sein!“, sagte sie scherzhaft.

Nach einer Weile fiel ihr auf, dass Tom einen niedergeschlagenen Eindruck machte. Es kam ihr vor, als ob ihn seelisch etwas belastete. So kannte sie den Freund nicht und fragte besorgt: „Ist alles paletti bei dir? Ich habe das Gefühl, irgendwas bedrückt dich!“

„Nein, wo denkst du hin! Alles in Ordnung! Ich habe letzte Nacht schlecht geschlafen!“, log er sie an. Von seinen finanziellen und sonstigen Problemen sollte sie nichts erfahren.

Wie immer freitags, bestellte Tom Getränke für den Wochenendbetrieb. Es war auch dieses Mal nur eine dürftige Bestellung bei seinem Getränkelieferanten, der ihn schroff darauf aufmerksam machte:

„Da stehen noch einige Rechnungen von den letzten Wochen aus! Wenn du bald nicht zahlst, liefere ich nichts mehr!“

„Beruhige dich! Du bekommst spätestens Ende nächster Woche dein Geld!“, vertröstete er ihn, ohne dass er wusste, ob er die Summe zahlen konnte.

Da Toms Kühlschrank gähnende Leere aufwies, besorgte er am Nachmittag allerlei Lebensmittel im Supermarkt fürs Wochenende.

Auch an diesem Abend erwartete ihn wieder ein mäßiges Geschäft im *Prime* Club. Zu wenig Gäste, zu wenig Umsatz!

Samstagnachmittag nahm Tom allen Mut zusammen und rief seine Mutter an. Sie sollte jetzt erfahren, in welcher ausweglosen Lage er sich befand. Er nahm sich fest vor, sie um einen größeren Geldbetrag zu bitten.

„Weißt du, dass gestern der 10. Todestag deines Vaters war? Hast du daran gedacht?“, begann Lore sofort das Telefonat.

Natürlich hatte er nicht daran gedacht. Schließlich quälten ihn andere Gedanken. Er wollte sich herausreden, was ihm aber nicht gelang. Immer wieder unterbrach ihn seine Mutter, als er ansetzte über sein Problem zu sprechen. Sie ließ ihn nicht zu Wort kommen. Fast eine halbe Stunde sprudelte die Witwe all die guten Eigenschaften ihres verstorbenen Ehemannes herunter.

Zwischendurch erinnerte sich Tom, an den schäbigen Egoismus und das miese Verhalten seines Vaters, das er nicht nur seiner Mutter, sondern auch ihm in der Jugend gegenüber, in Wirklichkeit an den Tag gelegt hatte. Das konnte sie doch nicht alles vergessen haben?

Aber offensichtlich überschattet der Tod alle schlechten Eigenschaften und es bleiben nur die positiven Seiten in Erinnerung.

Jetzt hielt es Tom nicht mehr aus. Es war zu viel des Guten, unterbrach Lore und fing an, über seine Geldsorgen zu klagen. Nur das innige Verhältnis zu seiner Mutter bestärkte ihn, obwohl ihm die Situation peinlich war, aber er wusste keinen anderen Ausweg. Sie war die Einzige, der er sich anvertrauen konnte.

Zum ersten Mal erfuhr Lore, dass es nicht nur mit dem *Prime* Club katastrophal lief, sondern auch von der Schrottimmobilie, die er aus steuerlichen Gründen gekauft hatte.

„Davon hast du nie was erzählt! Und mit der Immobilie in Brandenburg hast du dich auch übernommen? Wer hat dir diesen Schrott überhaupt angedreht?“, fragte sie betroffen.

Als Witwe eines Unternehmers konnte sie nicht verstehen, wie man auf solche Betrügereien reinfallen kann. Sie hielt ihren Sohn immer für clever.

„Ist doch jetzt egal! Ich stecke voll in der Schuldenfalle! Wenn ich nicht auf die Schnelle 90.000 € der Bank überweisen kann, muss ich einen Offenbarungseid leisten. Dann war‘s das. Alles weg, was ich mir mühsam mit meinem Nachtclub aufgebaut habe! Ich weiß nicht mehr ein noch aus!“, stammelte er heulend ins Telefon. Verzweifelt sprach er das aus, was ihn belastete: „Ich kann kaum noch schlafen, wenn ich an den Schuldenberg denke, der immer höher wird! Ich bin jetzt schon pleite! Darum bitte ich dich inständig, mir finanziell unter die Arme zu greifen!“

Ihr Lieblingssohn in so einer prekären Situation? Das konnte sie nicht zulassen. Sie überlegte eine Weile, bis sie sich wieder gefangen hatte. „Das ist kein Pappenstiel! 90.000 € ist eine verdammt hohe Summe!“

„Ja, ich weiß!“, antwortete er mit zittriger Stimme. Erst jetzt wurde ihm bewusst, wie beschämend es war seine Mutter, um so einen hohen Geldbetrag anzupumpen. Aber er sah keine andere Lösung für seine Geldnot.

Am anderen Ende der Telefonleitung gab sich Lore einen Ruck und hatte bereitwillig den rettenden Einfall.

„Beruhige dich erst mal! Ich will dir helfen! Montag gehe ich zu meiner Bank und sehe zu, wie und ob ich das Geld für dich so schnell flüssigmachen kann. Ich lass den Betrag dann auf dein Konto überweisen!" Ermahnend fügte sie hinzu: „Du musst mir aber versprechen, nichts davon deinen Brüdern zu erzählen. Die denken nur an ihr Erbe und würden jetzt am liebsten das Geld schon verprassen!"

Vor Rührung konnte Tom kaum sprechen. Ihm fiel nichts Besseres ein: „Ich kann schweigen wie ein Grab! Das weißt du!"

Am liebsten hätte er vor Freude große Luftsprünge gemacht.

„Ich bin dir so unendlich dankbar! Sollte ich aus dem Gröbsten heraus sein, unternehmen wir eine schöne Auslandsreise zusammen. Das Land kannst du dir aussuchen, wo immer du reisen möchtest! Versprochen!"

„Na, dann freue ich mich schon darauf! Aber du musst erst deine Probleme erledigen!"

Danach hörte er nur noch mit halbem Ohr geduldig zu, als sie den neuesten Tratsch von ihren Freundinnen von sich gab. Nach zwei Stunden war das Telefonat endgültig beendet.

„Das wäre geschafft! Ich bin gerettet! Sie überweist mir das Geld!", jubelte Tom erleichtert laut vor sich hin.

Haben meine Geduld und Überredungskünste doch geholfen, ihre Großzügigkeit zu gewinnen, dachte er stolz.

Von seiner bevorstehenden Paris-Reise sollte seine Mutter vorläufig nichts erfahren. Es war ihm äußerst unangenehm, dass er ausgerechnet von Ingrid eingeladen wurde.

Lore hatte Ingrid bei einem früheren Berlin-Besuch kennengelernt und sofort eine Antipathie ihr gegenüber empfand.

Schon bei der ersten Begegnung prahlte Ingrid mächtig vor seiner Mutter mit ihrem Vermögen, das sie durch ihre zweite Ehe mit dem vermögenden Rainer Trautwein erworben hatte. Sie besaß teuren Schmuck und eine

Finca auf Ibiza. Dass Ingrid ihren Wohlstand nicht erarbeitet hatte, störte die fleißige Lore gewaltig.

„Auch wenn sie deine Freundin ist, ich finde sie unsympathisch. Ihre Angebereien gehen mir auf die Nerven. Ich finde sie abscheulich und will mit so einer Frau nichts zu tun haben. Da ist mir deine bescheidene Nachbarin über dir tausendmal lieber! “, hatte sie sich damals ausgedrückt.

Gegen 19 Uhr bereitete sich Tom auf seine Arbeit im *Prime* vor.

Das Telefonat mit seiner Mutter versetzte ihn in beste Laune. Frohgestimmt legte er sich in die Rundbadewanne, die er wegen der Unbequemlichkeit mittlerweile verfluchte.

Nackt stellte er sich vor den Spiegel und drückte eine gehörige Menge ‚Natürliches Make-up für den reiferen Mann' aus der Tube. Damit deckte er, so gut es ging, seine Stirnfalten und Augenringe ab. Geschickt wurden die ergrauten Augenbrauen mit einem Spezialstift dezent nachgezogen. Zufrieden schaute ihn jetzt ein frisch aufgebessertes Gesicht aus dem Spiegel an.

Zu dieser ‚Verjüngungskur' hatte ihm ein berühmter Visagist in Berlin dringend geraten. Dafür war er im dankbar. Optisch schien er tatsächlich jünger zu sein.

In dem Moment überdachte Tom sein Alter und war davon überzeugt, dass er jetzt nicht wie 59 aussieht.

Wenn mein gewölbter Bauch weg wäre und ich mehr Haare auf dem Kopf hätte, könnte ich leicht als Endvierziger durchgehen, sann er über sein Aussehen und der dürftigen Haarpracht nach.

Dass er nächstes Jahr 60 Jahre alt wird, bereitete ihm jetzt schon Angst und Sorge.

Allein die Zahl versetzt mir Stiche in die Magengrube. Dann bin ich ein alter Mann, war seine große Befürchtung.

Zum Schluss sprühte er sich mit seinem Lieblingsparfüm TERRE D'HERMES von oben bis unten auf seinen Körper und seine Bekleidung ein. Es war immer noch das gleiche Parfüm, das ihm damals der Gast, Günther Heinz, im *Chez Nous* als Kostprobe und dann später eine große Flasche in dessen Wohnung geschenkt hatte. Seit der Zeit benutzte er die Marke.

Bevor Tom die Wohnung verließ, griff er nach seinem Handy und rief schnell seinen Kokslieferanten, Abdu Musa, an.

Er teilte ihm die verschlüsselte Botschaft mit, dass er dieses Mal die doppelte Menge, der sonst üblichen, an ‚Kaffee' heute Nacht ausnahmsweise unauffällig ins *Prime* bringen soll.

Kaffee stand für Koks. Das war der Code.

Tom zog den Mantel an, besprühte auch ihn mit Parfüm an und machte sich auf den Weg in seinen Nachtclub.

Ibrahim Abdullah Al-Mousa

Wegen Erpressung, Raub und Drogenhandels verbüßte Ibrahim Abdullah Al-Mousa, der sich verkürzt nur Abdu Musa nannte, eine Strafe von vier Jahre in der Justizvollzugsanstalt, JVA, in Tegel.

Musa war Erstverbüßer, das heißt, nach einem rechtskräftigen Urteil erstmals in Haft. Auf Grund dieser Tatsache bescheinigten ihm die Gutachter eine günstige Prognose und befürworteten eine Berufsausbildung in einem kleinen Bio-Bäckereibetrieb.

Wegen guter Führung hatte der 31-Jährige die Möglichkeit, sechs Monate vor seiner Entlassung eine Ausbildung zum Bäcker ohne Aufsicht zu beginnen. Einen Plan hatte er schon im Hinterkopf. Das Bäckerhandwerk wollte er nie erlernen.

Den ersten Freigang nutzte der verurteilte Kriminelle augenblicklich zur Flucht. Weder suchte er den Bäckereibetrieb auf, noch kehrte er in die JVA zurück. Es fiel ihm leicht, diesen Trick mit der Ausbildung anzuwenden. Genauso hatte er es geplant.

Seit vier Monaten war Abdu vor der Polizei auf der Flucht, die keine große Anstrengung machte, ihn zu suchen. Er tauchte bei verschiedenen ehemaligen Knastbrüdern unter. Den Umgang mit seiner Großfamilie vermied er tunlichst. Nur heimlich traf er seinen jüngeren Bruder an unterschiedlichen vereinbarten Orten.

Von ihm bekam er jede Menge Kokain und Marihuana zugesteckt, damit er wieder seinem ‚alten Beruf' als Drogendealer nachgehen konnte.

Der erste Kontakt

Durch Zufall geriet Abdu eines nachts ins *Prime*. Beim Betreten schaute er sich um und erkannte sofort, dass hier Drogen gut zu verticken seien.

Allein wegen der Größe, der athletischen Figur und seiner stechenden schwarzen Augen, fiel Abdu nicht nur den weiblichen Gästen auf, auch Tom hatte bereits ein Auge auf ihn geworfen. Er passte genau in sein Beuteschema.

Noch bevor ein Keller nach dem Getränkewunsch des neuen Gastes fragte, war Tom zur Stelle.

„Was darf's denn sein, schöner Mann?"

„Ich nehme einen Gin Tonic!", entgegnete Abdu.

Zum Tonic schüttete Tom großzügig einen gehörigen Schuss Gin ins Glas. Neugierig fragte er:

„Du bist zum ersten Mal hier?"

„Ja. Ich bin sonst meistens in Neukölln unterwegs! Ich lebe dort!"

„Du siehst dem jungen Omar Sharif ähnlich, der in dem Film ‚Doktor Schiwago' mitspielte! Der faszinierte nicht nur in der Rolle, sondern durch seine glutvollen Augen! Die hast du auch!"

„Da muss was dran sein! Das haben mir schon öfters die Leute gesagt!"

Höflich stellte er sich vor und lachte.

„Ich heiße nicht Omar, sondern Giuliano! Giuliano Ponte und bin in Florenz geboren!"

Die Identität gab er sich zur Tarnung.

Tom zweifelte jedoch und dachte, der soll Italiener sein? Niemals. So viel Menschenkenntnisse habe ich schon. Die Leichtigkeit eines Italieners hat er nicht und keinen typisch italienischen Akzent. Tom ließ nicht locker und wollte die wahre Herkunft erfahren.

Im Laufe des Gespräches gab Abdu zu, dass er von der Herkunft Libanese sei und erzählte die herzzerreißende Fluchtgeschichte seiner Eltern von Beirut bis nach Berlin Neukölln.

Überzeugend argumentierte er:

„Wir Araber haben keinen guten Ruf bei den Berlinern. Deshalb gebe ich mich als Italiener aus. Zumal ich längere Zeit bei meinem Onkel, der ein italienisches Restaurant betreibt, gearbeitet hatte. Deshalb habe ich mir den italienischen Namen, Giuliano, zugelegt. Klingt besser! In Wahrheit heiße ich Abdu Mousa!

Nur so nebenbei erwähnte er leise, dass er leicht an Koks herankomme, falls Bedarf sei. Tom spitzte die Ohren. Leise fragte er: „Du vertickst ‚Kaffee'?"

„Wenn du Koks so nennst, ja!"

„Sprich das Wort nicht aus!", mahnte Tom und schaute sich um.

„Wir können ins Geschäft kommen, wenn du Kaffee lieferst."

Ab dem Zeitpunkt hatte Abdu einen neuen Kunden.

Die angebliche Offenheit gefiel Tom. Mit der Zeit entwickelte er zu Abdu ein Vertrauensverhältnis.

Das Geschäftliche erledigten sie an Werktagen nachts in der Pariser Straße 10. Dann war sichergestellt, dass die Nachbarn schliefen und von dem nächtlichen Lieferanten nichts mitbekamen.

Nur ein einziges Mal besuchten beide an einem Abend nur kurz das Stammlokal von Tom. Der Wirtin fiel das gute Aussehen von Abdu auf und dachte, das ist wohl sein neuer Liebhaber.

Sie sollte recht behalten. Denn Abdu bot sich nicht nur als Koks-Lieferant an, sondern auch als Sexliebhaber. Obwohl er beteuerte, Hetero zu sein. Aber er konnte auch die andere Seite gut bedienen. Und er brauchte dringend Geld. Für seine Liebesdienste belohnte Tom ihn reichlich.

Gleich bei der ersten Zusammenkunft bemerkte Abdu den betörenden Duft an Tom, der ihm auf Anhieb gut gefallen hatte.

„Was ist das für ein aufregendes Parfüm?

„Das ist TERRE D'HERMES. Mein Lieblingsparfüm!"

Beim zweiten Besuch brachte Abdu wieder Koks mit und holte diesem Mal aus seiner Tasche eine große Flasche des Parfüms hervor.

„Das ist ein Geschenk für dich!"

Tom war gerührt über diese teure Aufmerksamkeit.

„Ich liebe diesen gefährlichen Duft, der alle Sinne betäubt!", schwärmte Abdu.

Bei diesem Satz musste Tom laut lachen und konnte sich aber darauf keinen Reim machen.

Auffällig sah sich jetzt Abdu in den Räumlichkeiten um.

Über die Rundbadewanne hatte er sich schon beim ersten Besuch amüsiert. Bereitwillig zeigte Tom die Wohnung, die längst nicht mehr das

Niveau der früheren teuren Designermöbel erreichte. Jetzt sorgten billige Möbel aus einem großen schwedischen Möbelhaus für eine gewisse Eleganz.

Abdu bedeutete die Inneneinrichtung nichts. Sie war ihm egal. Er hatte etwas anderes im Sinn.

Jedoch gab er vor, dass er den Geschmack von Tom bewunderte.

„Du bist schick eingerichtet. Gefällt mir. Das muss alles viel Geld gekostet haben!"

Tom sah keine Veranlassung seinen finanziellen Tiefgang zu erwähnen. Schließlich war Abdu kein enger Freund, dem er seine Probleme anvertrauen wollte.

Er war ihm zu Diensten und wurde dafür bezahlt.

Dario Markovic

Zu zwei Jahren und sechs Monaten verurteilte das Landgericht Tiergarten Dario Markovic wegen Hehlerei und schwerem Diebstahl. Seine Straftaten verbüßte er in der JVA Tegel. Dort lernte er seinen Zellennachbarn, Abdu Musa, kennen. Schnell schlossen sie Freundschaft.

Beide heckten schon Pläne aus, wie sie nach ihrer Knastzeit an das ‚große Geld' kommen könnten.

„Wollen wir einen Escort Service, Männer für Männer, gründen? Der würde in Berlin gut laufen! Es gibt so viele einsame, wohlhabende, ältere schwule Männer, die für junge Liebhaber viel Geld springen lassen!", schlug Dario vor. „Ich kenne genügend gutaussehende, junge Schwule aus meiner Heimat Serbien, die für Geld alles machen! Dazu nehmen wir noch die Stricher aus Rumänien, die sich hinterm Bahnhof Zoo herumdrücken. Danach erpressen wir die Freier! Das ist doch eine feine Sache und bringt genügend Kohle für uns ein!", begeisterte er sich.

Von der Idee war Abdu nicht sonderlich angetan und wies den Vorschlag ab. Von dem Milieu hatte er nicht viel Ahnung. Ihm schwebte ein anderer Plan vor.

„Ich werde wieder in mein altes Geschäft einsteigen und Drogen verticken. Bringt mehr ein! Das muss ich aber vorerst allein durchziehen!"

Tröstend versprach er Dario: „Aber trotzdem können wir gemeinsam ein großes Ding drehen, um an viel Kohle ranzukommen! Ich habe da schon so einiges überlegt. Lass mich das später mal planen! Wir bleiben auf alle Fälle in Kontakt!"

Dario Markovic war in seiner Naivität begeistert von dieser Idee. Ohne nachzufragen, was genau der Plan war. Unbedingt wollte er bei dem ‚großen Ding' dabei sein.

Schließlich schätzte der schmächtige Dario den athletischen Abdu und überließ ihm vertrauensvoll die Organisation.

„Du wirst schon wissen, wie man ein Ding dreht! Lass uns bald an die Arbeit gehen!"

Samstag, 15. März 2014

Etwas verspätet schloss Tom das *Prime* gegen 21 Uhr auf und bereitete die baldige Öffnung des Clubs vor.

Noch immer beschäftigte ihn das Telefongespräch mit seiner Mutter. Bald bin ich einen großen Batzen meiner Schulden los, freute er sich und wisch dabei den Tresen blank.

Er staunte nicht schlecht, als er den Anrufbeantworter abhörte. Sieben Anrufe und allesamt mit Reservierungen für den heutigen Abend.

„Das hatte ich schon lange nicht mehr!", juchzte er vor sich hin.

Als sein Personal so langsam eintrudelte, fanden sie einen gutgelaunten, heiteren Chef vor.

„Heute gibt's viel tun! Ich habe bereits achtzehn Platzreservierungen von zahlungskräftigen Gästen für heute Abend!", gab Tom strahlend bekannt.

„Kuno Feldhoff hat gleich vier Plätze vorbestellt. Er führt wohl wieder zahlungskräftige Kundinnen aus, die sich vorher von ihm verschönern lassen. Offensichtlich wollen diese frustrierten ‚Hennen' sich mal wieder amüsieren! Werde schon dafür sorgen, dass sie einen Kerl für die Nacht abbekommen!" Alle lachten über seine frechen Äußerungen.

„Und dann hoffe ich auch auf Laufkundschaft! Es ist die ITB, die Internationale Tourismus-Börse, in Berlin. Das verspricht Umsatz! Es scheint wieder aufwärtszugehen!", verkündete er beschwingt seinem Personal.

„Na, endlich ist mal wieder was los! Wird aber auch Zeit!",

kommentierte Peter und zerrte seine frischgebügelte Servierschürze zurecht. Er, seine Kolleginnen und Kollegen, freuten sich auf das zu erwartende Geschäft.

Vertraulich nahm Tom seinen langjährigen Kellner Peter zur Seite und schilderte ihm leise einige Details des Telefonats mit seiner Mutter: „Sie hat so einiges von meinem Vater geerbt und will mir aus der Patsche helfen. Dann bin ich erst einmal wieder aus dem Schneider und hier geht's weiter!"

„Wie hast du das denn geschafft, deiner Mutter so viel Geld aus der Tasche zu entlocken?"

„Mit meiner Methode eben!"

Mehr wollte Tom nicht preisgeben. So weit ging die Freundschaft zu Peter doch nicht, dass er alle Einzelheiten erfahren sollte.

In dieser Nacht war jeder Sitzplatz im Club besetzt. Am Tresen drängten sich stehend die Gäste. Die Musik war wieder viel zu laut, was jedoch niemand zu stören schien.

„Die ITB macht sich bemerkbar! Es sind so viele aus der Reisebranche hier!", fiel Tom freudig auf.

Auch Peter bestätigte wohlwollend diese Feststellung.

Mit einem überschwänglichem „Hallo. Ihr Hübschen!", wurden Kuno Feldhoff und seine Begleiterinnen begrüßt. Tatsächlich hatte der Friseur wieder drei seiner Kundinnen im Schlepptau, die er ausführte. Eine davon war eine bekannte Moderatorin, die sofort die Blicke der übrigen Gäste auf sich zog.

„Endlich wieder mal ein Promi-Gesicht hier!", bemerkte Peter.

Nur auf einen Drink kam der feinsinnige Sigurd Dressler mit einem Freund vorbei.

„Wir waren eben im *Manzini* essen und wollten dich nur kurz begrüßen."

Als er sich umsah stellte er freudig fest: „Der Laden brummt ja wieder! Das freut mich für dich. Ich sehe, du hast alle Hände voll zu tun!"

„Das kann man wohl sagen! Zum Glück!", betonte Tom im Vorbeigehen. In der Hand trug er einen Eiskübel mit einer Wodkaflasche, den er an den Tisch eines Herrn, mit russischem Akzent brachte. An dessen Seite saß eine langbeinige, junge, rothaarige Frau, die sich erkennbar vom Schönheitschirurgen ihre wulstigen Lippen aufspritzen ließ.

Die durchdringende Lautstärke der Musik hielten die feinen Ohren von Sigurd Dressler und seinem Begleiter nicht lange aus. Schnell wollten sie dem Gedröhne entkommen und verabschiedeten sich von Tom mit der Entschuldigung: „Wir verstehen unsere eigenen Worte nicht mehr. Es ist uns zu laut!“, bemerkte Sigurd und verabschiedete sich.

„Tschüss! Wir sehen uns Ende des Monats wieder zum Opernbesuch! Denk bitte daran!“

„Natürlich! Habe den Termin dick in meinen Kalender eingetragen! Freue mich schon!“

Seine letzten Worte gingen in der Lautstärke unter.

Wie verabredet erschien Abdu an diesem Samstagabend noch vor Mitternacht im *Prime* Club. Flüsternd teilte er Tom überraschend mit, dass er bis jetzt noch keinen ‚Kaffee‘ besorgen konnte.

„Ich komme erst am frühen Sonntagmorgen an deine Bestellung ran!“, erzählte er glaubhaft in dem Getümmel

„Sobald du den Laden geschlossen hast und wieder in deiner Wohnung bist, rufe mich an. Ich komme dann vorbei und liefere den ‚Kaffee‘ bei dir zu Hause ab. Ich habe nur am Sonntagmorgen Zeit, zu dir zu kommen!“

Kurz darauf verließ Abdu lachend den Club. Nicht ohne zu vergessen, noch einen guten Umsatz zu wünschen.

Plötzlich befiel Tom ein ungutes Gefühl. Er konnte es nicht richtig einordnen. Zum ersten Mal suchte ihm gegenüber seinem Lieferanten ein unerklärliches Misstrauen heim.

Besonnen überlegte er, heute werde ich keinen Alkohol anrühren. Auf alle Fälle will ich nüchtern bleiben, bis das Geschäftliche mit Abdu erledigt ist. Ich benötige dringend das Kokain!

Auf der gegenüberliegenden Straßenseite, das *Prime* im Blick, traf Abdu Musa verabredungsgemäß auf Dario Markovic. Beide lagen für einige Zeit auf der Lauer und beobachteten die vielen Gäste, die in dieser kühlen Nacht ins *Prime* strömten.

„Die bringen Geld! Das gibt einen Mordsumsatz!“, bemerkte Abdu zu seinem Kumpel. Beide lachten hämisch und zogen nach einer Weile ab.

Sie sahen sich ihrem Ziel, nähergekommen zu sein, ein ‚großes Ding‘ zu drehen. Schließlich träumten sie seit ihrer gemeinsamen Knastzeit davon.

Und bald war es soweit.

Fünftes Kapitel

Die Tat

Sonntagmorgen, 16. März 2014

Längst schien an diesem kühlen Sonntagmorgen die Sonne, als Tom die Tür seines Clubs gegen 8 Uhr zuschloss. Sein Personal hatte sich bereits von ihm verabschiedet.

Nur Peter wartete geduldig auf seinen Chef vor der Tür.

Um vom Stress runterzukommen, schlug er vor, noch ins *Schwarze Café* in der Kantstraße mitzugehen.

„Auf einen Absacker! Das wird dir guttun! Dort trifft sich sonntagmorgens die Nachtgastronomie. Die Jungs sind immer gut drauf und es geht lustig zu!", ermunterte Peter ihn. „Schließlich haben wir uns ein kräftiges Frühstück nach der anstrengenden Nacht verdient!"

„Ein anderes Mal. Ich habe noch eine Verabredung, die ich nicht verschieben kann!", verriet Tom.

„Faule Ausrede! Na, dann eben nicht! Tschüss, bis zum nächsten Freitag!"

„Ja, tschüss! Viel Vergnügen noch!"

„Das wünsche ich dir auch!"

Peter dachte, ob ein neuer Liebhaber im Spiel ist? Das hätte er mir doch sagen können.

Tom stieg in das bereitstehende Taxi ein und ließ sich in die Pariser Straße fahren.

In seiner Umhängetasche steckte der gesamte Umsatz der Nacht, der sich dieses Mal auf insgesamt 6.932 € belief. Die Geldscheine hatte er bereits im *Prime* mit den entsprechenden Banderolen versehen, auf denen er die jeweiligen Summen vermerkte. Es waren 2.320 € in bar.

Zu Hause angekommen, verschwanden die Umsätze, das Bargeld und die Kreditkartenquittungen sofort im Tresor, der in die Wand eingebaut war. Getarnt hinter dem Gemälde ‚Frühling auf Hiddensee', eines unbekannten Malers.

Die zusammengerollten 600 € für die bestellte Ware, legte Tom zwischen etlichen Papieren zuvor auf den Esstisch beiseite. Nach einer kalten Dusche bereitete er in der Küche einen starken Kaffee zu, um sich wach zu halten. Nebenbei tippte er auf seinem Handy die Nummer von Abdu ein.

„Ich bin jetzt zu Hause. Konntest du den Kaffee besorgen?"

„Ja, habe ich! Wie viel brauchst du?"

„Wie ich dir gestern schon am Telefon sagte, dieses Mal das Doppelte wie sonst!"

„Ich komme in 15 Minuten. Ist das okay?"

„Ja, dann bist du gegen 10 Uhr bei mir? Ich warte auf dich. Sei aber bitte vorsichtig, dass die Nachbarn dich nicht sehen! Es gibt Frühaufsteher hier im Haus!"

Das käme Abdu auch ungelegen.

Wenig später klingelte es heftig an der Haustür.

Dieser Hitzkopf, ärgerte er sich, weckt noch mit seinem stürmischen Geläute die Nachbarschaft auf.

Eilig drückte Tom auf den Kopf des Türöffners. Für seinen Besucher hatte er die Wohnungstür nur einen Spalt geöffnet, der in diesem Moment aus dem Fahrstuhl kam.

Mit einem leisen: „Hallo!" betrat Abdu die Schwelle zum Flur. Wortlos schloss Tom hinter ihm die Tür und ging voraus, dicht gefolgt von Abdu.

In der Mitte des langen Flures vernahm Tom einen ‚Klick'. Plötzlich spürte er einen Stich zwischen den Schulterblättern, dann gleich den zweiten. Blut floss warm durch seinen Pullover über den Rücken herunter.

Irritiert nahm er jetzt die Schmerzen wahr und stieß einen langen, durchdringenden Schrei aus. Ihm war nicht klar, was passierte.

Ohne sich umzudrehen, fragte Tom mit zitternder Stimme:

„He Abdu, was soll das? Du tust mir weh!"

Zu mehr Worten war er nicht in der Lage. Nur schwach konnte sich Tom wehren und wollte sich umdrehen. Das gelang ihm nicht. Der Arm des athletischen Abdu hielt ihn fest um den Hals, dabei stach er mit seinem Springmesser ein drittes und viertes Mal zu. Jetzt allerdings tiefer unten in den Körper. Die 12 Zentimeter lange Messerklinge bohrte sich in den

Lungen- und Nierenbereich. Röchelnd fiel Tom Kaiser zu Boden und sein Blut ergoss sich wie Wasser über den Teppich.

Ohne irgendeine Gefühlsregung holte Abdu sein Mobiltelefon aus der Tasche und rief sogleich Dario an, der wie verabredet, ein paar Häuser entfernt auf weitere Anweisungen wartete.

„Alles erledigt!", hauchte Abdu ins Handy. „Komm schnell, aber unauffällig in die zweite Etage! Bei Kaiser klingeln!"

Als Dario wenig später im Flur stand, hörte er das schwere Röcheln von Tom, der gekrümmt vor ihm lag.

„Nichts ist erledigt! Verdammt, der lebt doch noch! Wir müssen ihn in die Badewanne hieven!"

Beide banden sich ihre Schals um die Hände, schleppten das schwer verletzte Opfer ins Badezimmer und schmissen den bleiernen Körper in die kreisrunde Wanne.

„Gib mir das Messer! Ich erledige den Rest!"

Bereitwillig gab Abdu ihm das blutige Springmesser.

Dario hob den Kopf von Toms hoch und stach zuerst in die Halsschlagader, dann noch in die Luftröhre. Das alles mit einer gewaltigen Brutalität.

„So macht man das! Weißt du nicht, wie man einen Hammel schlachtet? Du als Moslem müsstest das doch wissen!"

Skrupellos lachten beide.

„Wie geplant, lassen wir das heiße Wasser in die Wanne laufen, damit an seinem Körper alle Spuren von uns beseitigt werden!", bemerkte Abdu fachkundig.

Nach der Tat fragte Dario eiskalt: „Und wo ist die Tasche mit dem Geld?"

Während Abdu in der Küche nach der Tasche Ausschau hielt und sie dort nicht fand, rief er: „Schau im Schlafzimmer nach! Vielleicht liegt sie auf dem Bett!"

„Da ist sie aber nicht!"

„Verflucht, dann im Wohnzimmer!"

Schließlich wurden sie dort fündig. Die Louis-Vuitton-Umhängetasche stand weit geöffnet auf dem Sofa. Mit übergezogenen

Gummihandschuhen wühlten sie in der Tasche.

„Kein Geld! Nur ein Dupont-Feuerzeug und anderes wertloses Zeug. Was soll diese Scheiße?", höhnte Dario.

Ungeduldig und verärgert entschied Abdu: „Wir müssen die gesamte Wohnung auf den Kopf stellen! Irgendwo muss er das verdammte Geld doch hingelegt haben! Ich hatte ihn doch heimlich beobachtet, als er aus dem Taxi vor seinem Haus ausstieg. Die Tasche sah dick gefüllt aus! Das konnte ich genau sehen!", redete er sich heraus.

Blind vor Wut durchwühlten sie die halbe Wohnung. Das Geld war unauffindbar.

Im Nachttisch entdeckte Dario ein seidenbeschlagenes Kästchen, das er hektisch öffnete. Darin befanden sich eine Goldkette, ein goldener Ring mit zwei Diamanten besetzt und eine Rolex-Uhr. Die wertvollen Schmuckstücke steckte er in eine Tasche seiner Baggy Pant.

Nach genauerem Hinschauen fanden sie auf dem Esstisch zwischen allerlei Papieren noch eine Cartier-Uhr und 600 € mit einem Gummiband in 50-Euro-Scheinen zusammengerollt, die Tom zurechtgelegt hatte. Dass es sich genau um die Summe für den Koks handelte, wusste Abdu sofort. Das Geld und die Uhr landeten in seiner Gesäßtasche.

Das teure Mobiltelefon von Tom ließen sie achtlos auf dem Tisch zurück.

Die Nachbarn aus der ersten Etage

Das Ehepaar Breitenbach wohnte seit zwölf Jahren über dem Feinkostgeschäft *Goldrausch*, das aus hygienischen Gründen vor wenigen Wochen geschlossen werden musste. Seitdem stand der Laden leer.

Es war die ehemalige *Rauschgold* Bar, die vor Jahren zu einem Feinkostladen umgestaltet wurde.

Die Wohnung der Breitenbachs lag direkt unter der von ihrem Nachbarn Tom Kaiser.

Diesen Sonntag saß die 61-jährige Angelika Breitenbach vertieft in ihren Text am Computer.

Gegen 10 Uhr 30 sah sie plötzlich nur noch schwarz auf dem Bildschirm. Sie hatte keine Erklärung dafür und rief nach ihrem Ehemann:

„Günther, kannst du bitte mal nachsehen, was mit meinem PC passiert ist?“

Als sie keine Antwort erhielt, fiel ihr ein, dass er schon früh aus dem Haus gegangen war, um im Wilmersdorfer Preußenpark zu joggen. Wahrscheinlich ist der Strom ausgefallen, rätselte Frau Breitenbach.

Daraufhin betätigte sie den Lichtschalter in ihrem Arbeitszimmer. Kein Licht! Sie lief ins Badezimmer, um dort Licht anzuschalten. Ebenfalls kein Licht! Nur durch das offene Badezimmerfenster strahlte Helligkeit herein. Dabei entdeckte sie, dass von der integrierten Deckenlampe Wasser in Strömen herunterlief. Der Schreck fuhr ihr in die Glieder.

Aufgeregt rief sie ihren Mann an.

„Wo bist du denn? Ich brauche dich dringend hier!“

„Ich sitze im *Parkcafé* am Fehrbelliner Platz und trinke ein alkoholfreies Bier“, beruhigte Günther seine Frau. „Was ist denn so dringend?“

„Bei uns im Badzimmer kommt Wasser von der Decke herunter! Das Wasser ist warm. Ich habe es überprüft. Und seltsamerweise ist es rosa gefärbt. Es muss aus dem Badezimmer von Herrn Kaiser kommen!“, war sie fest der Meinung.

„Dann geh‘ schnell nach oben und sage ihm Bescheid! Ich bin spätestens in 20 Minuten zurück!

Als Frau Breitenbach vor Tom Kaisers Tür stand, hörte sie Schritte in dessen Wohnung.

Mit Sicherheit ist er noch wach, spekulierte sie, er geht doch an den Wochenenden nie vor 10 oder 11 Uhr schlafen.

Die Besonderheiten seiner Schlafgewohnheiten kannte Angelika Breitenbach nach all den Jahren. Kam er morgens von der Arbeit zurück, schlug er die Wohnungstür so heftig zu, dass sie es unten in ihrer Küche hörte. Das war das Zeichen, dass Tom Kaiser jetzt zu Hause war. Seltsamerweise schlug er heute früh nicht die Tür so heftig zu, dachte sie.

Vorsichtig klingelte sie. Jetzt verstummten die Schritte. Sie klingelte ein zweites, drittes und viertes Mal, niemand öffnete. Dann klopfte sie an die Tür.

„Herr Kaiser! Ich weiß, dass Sie in der Wohnung sind. Bitte öffnen Sie die Tür! In meinem Badezimmer fließt Wasser durch die Decke. Das muss von Ihnen kommen! Bitte stellen Sie Ihr Wasser ab!“

Aber aus der Wohnung kam keine Reaktion. Sie legte ihr Ohr an die Tür. Es war mucksmäuschenstill.

Merkwürdig, dachte sie, er muss doch da sein!

Ein letztes Mal klopfte sie und trat heftig gegen die Tür. Aber es regte sich nichts. Zornig drehte sie sich um und stieg die Treppen hinunter. Durch den Türspion beobachtete Abdou, wie Frau Breitenbach aus dem Blickfeld im Treppenhaus verschwand.

Zuvor vermieden beide es behutsam, mit ihren Schuhen nicht durch das Blut im Flur zu laufen. Sie wollten auf keinen Fall Spuren hinterlassen. „Los, lass uns schnell abhauen! Hier ist doch nichts mehr zu holen! Die holt vielleicht noch die Polizei!", murmelte Dario ängstlich.

Auch Abdu wurde jetzt nervös.

„Wir müssen leise sein! Ich gucke, ob die Luft rein ist, hole den Fahrstuhl hoch. Wenn er oben ist, springen wir schnell hinein!!"

Unbemerkt von den Hausbewohnern, verließen sie rasch die Wohnung, in der sie ein grauenvolles Verbrechen begangen hatten.

Die beiden Täter waren längst unbeobachtet über alle Berge, als Günther Breitenbach 15 Minuten später seine Wohnung betrat. Sofort sah er das Malheur im Badezimmer. Seine Frau hatte bereits einen Eimer unter die tropfende Decke gestellt und mehrmals den Boden aufgewischt, denn das rosa Wasser floss unaufhaltsam herunter.

„Günther, ich wundere mich über die Farbe des Wassers!"

„Das ist bestimmt Rost! Die Rohre sind schließlich schon uralt!", beschwichtigte Herr Breitenbach seine Frau und überlegte: „Wenn der Tom Kaiser die Tür nicht öffnet, ist er vielleicht nicht da!"

„Aber ich habe Schritte gehört, bevor ich an seiner Tür geklingelte."

„Das hast du dir vielleicht nur eingebildet. Es kann auch sein, dass bei einem anderen Nachbarn ein Rohr gebrochen ist. Ich werde mal durchs Haus gehen und fragen!", entschied Günther Breitenbach.

Aber keiner der Nachbarn hatte ein Problem. Die leicht demente Frau Wagner in der vierten Etage verstand nicht, um was es überhaupt ging. Aus der Wohnung von Frau Siebert war nichts zu hören.

Da fiel ihm ein, dass sie im Krankenhaus ist.

„Ausgerechnet ist der Hauswart übers Wochenende aufs Land gefahren. Seine Handynummer habe ich nicht. Verdammt! Es ist ein Notfall!

Ich werde mich darum kümmern und die Warmwasserzufuhr stoppen!", ereiferte sich Herr Breitenbach.

Er wusste genau, wo der Wasserboiler im Keller angebracht war. Nämlich gleich links unter der Treppe. Mit einem kräftigen Griff drehte er den Warmwasserhahn zu. Im Hausflur brachte er einen Zettel an:

Bis auf Weiteres kein warmes Wasser.

Angelika Breitenbach war zufrieden über die Eigenmächtigkeit ihres Mannes.

„Hauptsache, das Wasser ist vorläufig gestoppt!"

Die Entdeckung

Nach seiner Rückkehr am Montagmorgen erfuhr der Hauswart, Jürgen Moosbach, was am Sonntagmorgen passiert war. Detailliert schilderten Frau Breitenbach und ihr Ehemann den Vorfall.

„Ihr hättet die Feuerwehr anrufen müssen!"

„Daran hatten wir nicht gedacht!"

Mehrmals rief Jürgen Moosbach bei Tom an.

„Der Kaiser scheint nicht da zu sein. Ich habe versucht, ihn auf dem Festnetz zu erreichen und auf seinen AB gesprochen. Aber bis jetzt habe ich keinen Rückruf erhalten. Vielleicht meldet er sich noch. Bedauerlicherweise habe ich seine Handynummer nicht", stellte der Hauswart kurze Zeit später fest.

Frau Breitenbach ließ jedoch nicht locker und erwähnte, dass Frau Siebert eng mit Tom Kaiser befreundet sei und bestimmt seine Handynummer kennt.

„Dann rufe ich sie an! Die Nummer von Vera Siebert habe ich!"

Er erreichte die operierte Nachbarin im Krankenhaus.

Ohne Fragen zu stellen, gab Frau Siebert bereitwillig die Handynummer von Tom an den Hauswart weiter.

„Hier ist Moosbach! Herr Kaiser, in Ihrer Wohnung scheint ein Rohrbruch oder Ähnliches zu sein. Bitte melden Sie sich!", sprach er auf die Handy-Mailbox.

Tom Kaiser meldete sich weder am Montag noch am Dienstag. Der Hahn für die Heißwasserzufuhr war immer noch abgestellt.

Eigentlich müsste ich die Hausverwaltung informieren. Will aber noch warten, ob ich die Sachlage klären kann, überlegte Jürgen Moobach.

Der Hauswart wusste sich keinen besseren Rat und rief am Dienstagmorgen wieder Vera Siebert an.

„Der Kaiser hat sich immer noch nicht gemeldet. Auf seinem Handy springt nur die Mailbox an. Weißt du, ob er verreist ist? Du bist doch mit ihm gut befreundet! Ich müsste in seiner Wohnung nachschauen, was da los ist! Hast du einen Wohnungsschlüssel von ihm?"

„Nein, habe ich nicht! Aber du kannst meine Freundin, Ines Kleinschmidt, anrufen. Sie ist die langjährige Putzhilfe von Tom und besitzt einen Schlüssel zu seiner Wohnung. Das weiß ich. Alle zwei Wochen kommt sie turnusmäßig immer am Dienstagnachmittag zum Saubermachen!"

Kurz darauf telefonierte Jürgen Moosbach mit Frau Kleinschmidt und fragte, ob sie bitte sofort in die Wohnung von Herrn Kaiser kommen könne.

Ohne zu zögern und ohne den Grund zu erfragen, sagte sie zu.

Gegen 10 Uhr schloss Ines Kleinschmidt die Tür zu Toms Wohnung auf. Sofort stieg ihr ein bestialischer Geruch in die Nase. Auf dem Boden des Flures erblickte sie Blut, viel Blut. Blindlings lief sie der Blutspur bis zum Badezimmer nach. Dort sah sie an den Wänden Blutspritzer und auf dem Boden, rosa gefärbtes Wasser. Das, was Frau Kleinschmidt dann entdeckte, war ein schockierender Anblick. Sie konnte sich vor Schreck kaum auf den Beinen halten, so groß war ihr Entsetzen.

In der Badewanne lag der grauenvoll zugerichtete Leichnam von Tom Kaiser, bleich und ausgeblutet.

Voller Bestürzung und Ekel verließ sie die Wohnung und lief schreiend auf die Straße. Wie von Sinnen brüllte sie los:

„Hilfe! Zu Hilfe! Tom Kaiser ist tot! Er ist tot! Mausetot ist er!"

Jürgen Moosbach, der vor der Haustür eine Zigarette rauchte, war aufgeschreckt und versuchte sie zunächst beruhigen.

„Was sagen Sie?"

Aufgeregt und unter Tränen schilderte sie stotternd, was sie soeben gesehen hatte. Der Schreck saß ihr immer noch in den Gliedern. Betroffen von dem, was Ines Kleinschmidt ihm berichtet hatte, rief der Hauswart daraufhin nochmals Vera Siebert an und teilte ihr nur knapp mit: „Tom

Kaiser liegt tot in der Badewanne!"

Dann beendete er das Gespräch und wählte die 112.

Nach dem Telefonat lief Vera Siebert ein Schaudern über den Rücken. Sie war fassungslos und musste zunächst ihre Gedanken sortieren. Beunruhigend erzählte sie ihrer Zimmernachbarin:

„Ich habe soeben erfahren, dass mein Freund Tom tot in seiner Badewanne liegen soll. Ich kann mir das gar nicht vorstellen!"

„Das erinnert an Uwe Barschel, den Politiker. Der wurde doch auch tot in der Badewanne in einem Genfer Hotel aufgefunden! Das ist ja schrecklich! Wissen Sie mehr darüber?", fragte die Mitpatientin einfühlsam.

„Nein, mehr habe ich vom Hauswart nicht erfahren! Gestern wollte mich Tom doch hier besuchen! Ich hatte auf ihn gewartet! Und nun soll er tot sein? Das kann doch nicht wahr sein?", grübelte sie verzweifelt. „Sicher ein Herzinfarkt. Das kommt bestimmt von seinem Drogenkonsum!", davon war Vera Siebert überzeugt. „Ich habe ihn immer davor gewarnt!"

Es dauerte knapp 12 Minuten, da erreichte der herbeigerufene Rettungswagen, mit einem Notarzt, die Pariser Straße 10. Kurz darauf war auch die Polizei mit Streifenwagen zur Stelle.

„Haben Sie einen Schlüssel zur Wohnung von Herrn Kaiser?", wurde der Hausmeister gefragt.

„Nein, habe ich nicht! Aber Frau Kleinschmidt! Sie hat den Toten in der Badewanne gefunden!"

Völlig aufgelöst und zitternd übergab Ines Kleinschmidt einem der Rettungssanitäter den Wohnungsschlüssel.

Aus der Wohnung drang ein entsetzlicher Gestank nach altem Blut. Die Sanitäter und der Notarzt eilten sofort in das Badezimmer. Dort bot sich ihnen ein grausiges Bild. Ein schmächtiger, ausgebluteter, mit Stichen versehenden menschlicher Körper lag in rosa Wasser in einer runden Badewanne.

Nach einem kurzen Blick auf den Toten stellte der Notarzt amtlich knapp fest: „Verdacht auf eine unnatürliche Todesursache. Hier muss die Kripo eingeschaltet werden!"

Es war klar, hier wurde ein brutaler Mord begangen.

Die Beamten der 5. Mordkommission des Landeskriminalamtes nahmen akribisch die Spurensuche und Ermittlungen auf.

Die Berliner Presse überschlugen sich in ihren Artikeln und titelte am nächsten Tag in ihren Ausgaben:

Trauer um Nachtclubbesitzer
Mord an Promiclubbetreiber
Tötungsdelikt in Wilmersdorf - Wer hat die Täter beobachtet?
Feiger Mord an Tom Kaiser
Raubmord an Charlottenburger Clubbesitzer

Großformatig war in fast allen Berliner Zeitungen ein lachender Tom Kaiser abgebildet.

Der Mord schlug hohe Wellen in der Berliner Gesellschaft.

Vor der Tür des *Prime* Clubs legten Gäste und Freunde Blumen nieder und zündeten Kerzen an.

Voller Bestürzung und mit tiefer Trauer nahmen Angehörige und Freunde den Mord an Tom wahr. Alle beklagten die schändliche, verbrecherische Tat an dem 59-Jährigen.

Die Festnahme

Das Diebesgut, das Abdu Musa und Dario Markovic zu Mördern machte, erwies sich als dürftig. An das ‚große Geld' kamen sie nicht heran. Das schlummerte unbemerkt im Safe in der Wand. Lediglich 600 € und die wenigen Schmuckstücke hatten sie in der Eile erbeuten können.

Als sie die vermeintlich teuren Uhren veräußern wollten, stellte sich heraus, dass es sich um Fake-Ware handelte. Für die Goldkette und den goldenen Diamantring gab ihnen der Hehler insgesamt 250 €. Mehr konnten sie mit ihm nicht aushandeln.

Die Fahndung nach den Tätern lief bei der Kripo auf Hochtouren. Nach der Auswertung der Mobilfunkdaten aus Toms Telefon waren die Fahnder den Verdächtigen bereits auf der Spur. Sie kannten die Namen und observierten die beiden seit geraumer Zeit.

Als Abdu und Dario in einer Autovermietung in der Budapester Straße ein Auto mieten wollten, griffen die Zielfahnder zu. Widerstandslos ließen sich die überraschten Mörder festnehmen. Auf der Straße erwarteten sie bereits eine größere Anzahl von Einsatzkräften. Mit angelegten Handschellen wurden sie in einem Streifenwagen abgeführt.

Nächste Station war das Untersuchungshaftanstalt Moabit in Berlins Mitte.

Die Verurteilung

Nach der Verhaftung von Abdu Musa und Dario Markovic zog sich der Prozess um den Mord an Tom Kaiser des Landgerichts Moabit fast anderthalb Jahre bis zum Urteil hin.

Die beiden Angeklagten machten vor Gericht keinerlei Angaben zum Tathergang, beteuerten nur ihre Unschuld. Mit dem Mord an Tom Kaiser hätten sie nichts tun. Nur Ihre Anwälte trugen die jeweiligen Aussagen dem Vorsitzenden Richter vor.

Dario Markovic gab vor, den Namen Tom Kaiser bei der Vernehmung zum ersten Mal gehört zu haben. Er sei ihm persönlich nie begegnet.

Lediglich Abdu Musa gestand, dass er durch zwei Besuche im Nachtclub *Prime* den Besitzer nur flüchtig kannte, aber nie mit ihm gesprochen hatte.

Diese Aussage konnten gute Freunde von Tom widerlegen.

Sie wussten sehr wohl, dass Abdu Musa häufiger mit dem Opfer intim zusammen gewesen sein musste. Darüber scherzte Tom unverblümt, mit ‚Omar Sharif', alias Abdu, eine Liebesbeziehung zu haben.

Auch die Wirtin von Toms Stammkneipe bestätigte vor Gericht:

„Herr Kaiser kam eines Tages mit diesem jungen Mann zu uns!", dabei zeigte sie auf Abdu. „Sie waren miteinander innig vertraut! Das konnte ich sehen! Er stellte ihn mir als seinen neuen Lover vor!"

Da es keine unmittelbaren Zeugen zur Tat gab, beschränkten sich die Aussagen lediglich auf die persönlichen Beziehungen zu Tom und seinem Lebensstil.

Die Anwälte hatten die Strategie aufgebaut, dass der Täter oder die Täter aus dem persönlichen Umfeld des umtriebigen Opfers im Homosexuellenmilieu zu finden seien.

Ihr Mandant, Ibrahim Abdullah Al-Mousa, genannt Abdu Musa, sei Moslem und verachte aus Glaubensgründen schwule Männer. Allein deshalb hätte er sich nie auf eine Liebesbeziehung zu einem Mann einlassen können. Er liebe Frauen. Mit 21 Jahren sei er mit einer deutschen Frau verlobt gewesen und habe sie heiraten wollen. Jedoch sei durch unterschiedliche Sichtweisen die Verlobung nach zwei Jahren in die Brüche gegangen.

Der Vorsitzende Richter aber folgte der Argumentation der Staatsanwaltschaft voll umfänglich, die zu Beginn des Indizienprozesses präzise den Hergang und die Namen der Täter vorgetragen hatte.

Dabei halfen die Auswertungen der Mobilfunkdaten über die geführten Anrufe zum Zeitpunkt vor dem Mordgeschehen. Die waren eindeutig.

Die Einlassung der Angeklagten war damit widerlegt.

Die 15. Große Strafkammer des Landgerichtgerichts Moabit erkannte, dass beide Männer des Mordes aus Habgier in Tateinheit mit Raub schuldig seien.

Das Urteil wurde verkündet. Es lautete:

Lebenslange Freiheitsstrafe für die Angeklagten.

Abdu Musa wurde als so gefährlich eingestuft, dass das Gericht zusätzlich eine Sicherungsverwahrung verhängte. Dabei wurde seine vorherige Haftstrafe berücksichtigt, der er sich während des ersten Ausganges durch die Flucht vorzeitig entzogen hatte. Dieser Vorgang war mit entscheidend für das hohe Strafmaß.

Zum Ende des Prozesses hatten beide Angeklagten noch einmal beteuert, weder den Mord geplant noch ihn begangen zu haben.

Der Nebenkläger der Familie Kaiser nahm das Urteil an.

Am Tag der Urteilsverkündung waren Vera Siebert und der Hausmeister Jürgen Moosbach im Gerichtssaal anwesend. Sie sahen die beiden Täter das erste Mal, die hinter einer Glasscheibe stoisch auf der Bank saßen. In ihren Gesichtern waren keinerlei Regungen zu erkennen

„So also, sehen die Mörder von Tom aus!“, raunte Frau Siebert verächtlich dem Hausmeister leise zu. Der kalte Schweiß lief ihr über den Rücken. So grausam fand sie den Anblick.

Nach Beendigung der Urteilsverkündung fühlten die Nachbarin und der Hausmeister nur eine verhaltene Genugtuung. Mit Wut im Bauch empörte sich Vera Siebert:

„Lebenslange Haft? Das ist doch ein Witz! Der sitzt doch höchstens 15 Jahre. Dann kann zumindest einer der Mörder wieder frei herumlaufen! Der andere bei ‚guter Führung' vielleicht zwei Jahre später. Mehr ist ein Menschenleben nicht wert?"

„Ich bin der Meinung, die müssten für immer hinter Schloss und Riegel und nie wieder rauskommen! Meiner Ansicht nach, ist unsere Rechtsprechung viel zu liberal!", kritisierte Jürgen Moosbach die Justiz.

Beim Rausgehen aus dem Gerichtssaal stellte Frau Siebert schluchzend, mit kaum hörbarer Stimme, traurig fest: „Aus reiner Habgier für lumpiges Geld haben diese Verbrecher einen eiskalten Mord begangen. Sie nahmen der Mutter den Sohn, den Brüdern ihren Bruder und mir den besten Freund!"

Aus ihrer Jacke holte sie ein Taschentuch heraus und schnäuzte lautstark hinein.

Epilog

Nach Bekanntwerden des aufsehenerregenden Mordes an Tom Kaiser war die Reaktion enorm.

In Windeseile sprach sich mit Trauer und Wut das brutale Verbrechen unter den Freunden herum.

Ingrid war fassungslos, als sie am Dienstagnachmittag von dem Mord erfuhr. In letzter Sekunde konnte sie die Paris-Reise stornieren und feierte still am nächsten Tag mit ihrem Ehemann und einigen Freunden in der *Paris Bar* ihren 70. Geburtstag.

Der feinsinnige Sigurd Dressler, der teure Karten für Tom und sich für die *Tosca* Aufführung Ende März bestellt hatte, verzichtete auf den Opern-Besuch.

Erschüttert nahm Lore den Mord an ihrem Sohn zur Kenntnis. Die Summe von 90.000 €, die sie ihrem Sohn überweisen wollte, konnte sie noch rechtzeitig bei ihrer Bank zurückziehen. Als direkte Erbin von Tom wurde sie eingesetzt. Da sie von seinen Schulden wusste, lehnte sie jedoch das Erbe ab.

Ein Insolvenzverwalter wurde eingeschaltet. Sämtliche Habseligkeiten in der Wohnung wurden konfisziert.

Das *Prime* wurde sofort geschlossen. Auch von dort flossen alle Gegenstände in die Konkursmaße.

Seine letzte Ruhestätte fand Tom neben seinem Vater im Familiengrab auf dem Friedhof seiner verhassten Heimatstadt. Dies geschah auf Veranlassung von Lore, die ihren Lieblingssohn wieder bei sich in der Nähe haben und betrauern wollte.

Andreas war erschüttert über den Mord an seinem Bruder. Er blieb den Trauerfeierlichkeiten jedoch fern. Mit einem brasilianischen Partner hatte er sich ein neues Leben in Rio da Janeiro aufgebaut und wollte das alte mit aller Konsequenz hinter sich lassen.

Zwei Wochen später.
Bei einem sonntäglichen Spaziergang über den Flohmarkt vorm Rathaus Schöneberg entdeckte Vera Siebert plötzlich an einem Stand männliche Bekleidungsstücke, die ihr bekannt vorkamen. Es waren Pullover, Hemden,

Jacken und Hosen von Tom. Der Duft des Parfüms TERRE D'HERMES, das er immer reichlich versprühte, haftete noch an den Textilien. Es stieg Frau Siebert sofort in die Nase. Auf die Frage, wie die Flohmarktverkäuferin an die Sachen herangekommen sei, teilte diese freimütig und lächelnd mit, dass sie alles in einem großen Sack bei einer Auktion für 15 € ersteigert hatte. Man wisse nie, was drin sei und wer sie jemals getragen habe.

Als Erinnerung an Tom kaufte Vera Siebert daraufhin den hellblauen Kaschmir-Pullover, den sie an ihm immer bewundert hatte. Den Preis dafür konnte sie von 12 € auf 9 € herunterhandeln.

Yavanna Franck Barkarole Die Grenzen der Freiheit

330 Seiten ISBN 978-3-86361-933-6 Auch als Ebook

Ein erfolgloser Anwalt, ein hochbegabter Student und ein ehemaliger Stricher. Drei Lebenswege, die das Schicksal unerwartet zusammenführt.
Als Reuther die Pflichtverteidigung für den jungen Hannes Friedrich übernimmt ahnt er nicht, wie sehr dieser anfängliche Routinejob sein Leben verändern wird. Was lediglich als Brotverdienst gedacht war, entwickelt sich im Laufe der Zeit zu einer Obsession, alles über den geheimnisvollen stillen Jungen herauszufinden, um dessen tragisches Schicksal aufklären zu können.
Längst hat Reuther die üblichen Pfade seines Berufsstandes verlassen und ermittelt auf eigene Faust, wobei er ganz unverhofft Unterstützung von dem draufgängerischen Lukas, Hannes' einstiger großen Liebe, erhält. Gemeinsam überschreiten die beiden die Grenzen der Legalität und stoßen bei ihren Recherchen auf einen Abgrund, der tiefer nicht sein könnte. Obdachlosigkeit, Prostitution, Drogen und Gewalt haben Hannes' Leben geprägt und die Zukunft birgt sowohl Ungewissheit als auch Gefahren. Doch es gibt einen Lichtblick, denn nicht alles, was wahr und unverrückbar erscheint, entspricht der Realität.

Yavanna Franck
Barkarole 2 Licht über dem Abgrund
200 Seiten ISBN 978-3-86361-942-8
Auch als Ebook

„Wer kein Risiko eingeht, kann auch nicht gewinnen. Aber ist jedes Risiko es wert, eingegangen zu werden? Und um welchen Preis?“
Hannes Herkunft hängt wie eine Drohung im Raum und wirft das Leben aller Beteiligten durcheinander. Doch als sich Lukas und Reuther endlich am Ziel glauben, beginnt ein Wettlauf gegen die Zeit, denn irgendjemandem steht der ehemalige Stricher im Weg. Die Zukunft scheint wieder ungewiss und der Traum von einem normalen Leben rückt in weite Ferne. Der Weg dahin ist voller Hindernisse, denn Justiz und Medizin halten den jungen Mann in ihren Fängen. Aber auf wessen Geheiß? Wer zieht die Fäden im Hintergrund und welches Risiko ist Lukas bereit einzugehen, um den Freund zu befreien?

Ben Ebenho **Der Junge im Nebel**
164 Seiten ISBN 978-3-86361-918-3 Auch als Ebook

Nach dem Tod ihres Mannes und ihrer Stieftochter lebt Felicia in einem Alters- und Pflegeheim, wo sie von ihrem Lieblingspfleger Nico und ihrer Tochter Sophia betreut wird.
Felicias Demenz führt dazu, dass es ihr zunehmend schwerer fällt, die Gegenwart im Heim und ihre außergewöhnliche Vergangenheit auseinander zu halten. Wie sicher kann sie sich sein, dass ihre Erinnerungen an die langen Spaziergänge am Strand, die Ausflüge an den See, den Überfall hinter der Turnhalle, den tödlichen Unfall und die Operation nicht vielleicht nur Träume waren. Eines aber weiß sie sicher, nämlich dass der Junge, den sie mehr liebt als vielleicht sogar sich selbst, sie in nicht allzu ferner Zukunft an den Traualtar führen wird. Und dass sie bereit ist für diese, ihre Liebe zu kämpfen, wenn's sein muss auch gegen ihre eigene Tochter. Sophia weiß nichts von alledem, aber sie kann auch die Stimmen im Kopf ihrer Mutter nicht hören, die Stimmen der Ahnen aus dem Jenseits. Immer wieder spricht sie ihre Mutter auf das Foto in ihrer Hand an. Wer ist der gutaussehende, blonde Junge, der Sophia seltsam vertraut vorkommt?

www.himmelstuermer.de